गुड बाई स्वामी

वाणी प्रकाशन

21-ए, दरियागंज, नयी दिल्ली-110002

फोन : 011-23273167, 23275710, 41562622

फैक्स : 011-23275710

e-mail : vani_prakashan@yahoo.com

vaniprakashan@gmail.com

website : vaniprakashan.com

गुड बाई स्वामी

सुशील कुमार सिंह

वाणी प्रकाशन का लोगो
विख्यात चित्रकार मकबूल फिदा हुसेन
की कूची से

वाणी प्रकाशन
21-ए, दरियागंज, नयी दिल्ली-110002
द्वारा प्रकाशित

प्रथम संस्करण : 1993
द्वितीय संस्करण : 2006

मूल्य : 60.00

सुमन प्रिंटर्स, दिल्ली-110032
द्वारा मुद्रित

GOOD BY SWAMI (Lirical Play)
by Sushil Kumar Singh

आवश्यक

'गुड बाई स्वामी' नाटक का किसी भी प्रकार से उपयोग करने के पूर्व लेखक की लिखित अनुमति आवश्यक है।

स्थायी पता : ३५/६७, बंगाली मोहाल, कानपुर-२०८००१

विभिन्न नाट्य-दलों ने 'गुड बाई स्वामी' को दिल्ली, पटना, नागपुर, बम्बई, आदि स्थानों में प्रस्तुत किया और हर जगह दर्शकों के बीच यह अत्यन्त लोकप्रिय रहा।

इस नाटक के प्रथम मंचन का श्रेय दिल्ली के उत्साही कलाकारों की संस्था 'अमित रंगमंच' को है जिसने दिनांक २४ तथा २५ फरवरी '७६ को स्थानीय श्रीराम सेन्टर के बेसमेन्ट प्रेक्षागार में 'गुड बाई स्वामी' का प्रदर्शन किया।

पात्र

दर्शक

स्वामी दिव्यानन्द

पुलिस आफिसर

कन्या

महिला

सेठ

चमचा

नेता

इसके अतिरिक्त भक्त और भक्तिनों की भीड़।

अंक एक

(दर्शकों द्वारा अपना-अपना स्थान ग्रहण कर लेने के पश्चात।
रंगशाला धीरे-धीरे अँधेरे में घुलने लगती है। इसके साथ ही कोरस में भजन के स्वर उभरते हैं।)

कोरस : (भजन गा रहा है)।

पाप है क्या और पुण्य है क्या
कुछ समझत नाहीं बने
पापी के सब पाप धुलें
संन्यासी पापी बने
सज्जन को रोटी दुर्लभ है
दुष्टों की मौज मने
पाप-पुण्य के बीच प्रभू जी
लक्ष्मण-रेखा खिंची…
स्वामी, लक्ष्मण-रेखा खिंची।
पाप-पुण्य में मत उलझाओ।
जीवन नरक बने। स्वामी, जीवन नरक बने।

(कोरस के स्वर क्रमशः विलीन होने लगते हैं। ठीक इसी समय प्रेक्षागार के पिछले दरवाजे से एक देर से आने वाला दर्शक तेज़ी से प्रवेश करता है उसके पीछे प्रेक्षागार के बाहर से पुलिस की सीटियों, भागते बूटों और "चोर-चोर—पकड़ो-पकड़ो" की आवाजें सुनायी देती हैं। एक दर्शक हाथ में टिकिट लिए अपनी सीट को ढूंढ़ते

हुए गलियों में से होकर मंच की ओर बढ़ता है। प्रेक्षागार के चारों ओर से टार्च की रोशनी उस पर पड़ती है। एक-दो टार्चधारी, जो वास्तव में दर्शकों को सुविधापूर्वक यथा-स्थान बैठाने के लिए नियुक्त किये गये कार्यकर्ता हैं, उसकी ओर बढ़ते हैं, पर वह पूरे आत्म-विश्वास के साथ उन्हें हाथ से इस ढंग से इशारा करते हुए आगे बढ़ता जाता है जैसे कि उसे मालूम है कि उसका स्थान कहाँ है। टार्चों की रोशनी उसे फ़ॉलो करती रहती है, वह सीधे मंच के पास पहुँच कर रुक जाता है।

प्रकाश की एक क्षीण किरण उसे स्पष्ट करती है। टार्चों की रोशनियाँ बुझ जाती हैं। बाहर से आने वाला शोर अब तक थम चुका है। हाँ, भजन अत्यन्त धीमी गति से अभी भी सुनायी दे रहा है। वह दर्शक शकल से ही ज़रा खूँखार किस्म का लग रहा है। उसकी दाढ़ी थोड़ी बढ़ी हुई है। न ज्यादा बूढ़ा लगता है और न ही एकदम जवान; बस, अधेड़ उम्र का है। उसके कपड़े मैले, बेतरतीब हैं। तो भी कुल मिलाकर वह काफी चुस्त और चौकन्ना लगता है। पहले वह सतर्क नज़रों से प्रेक्षागार के एक कोने से दूसरे कोने तक खामोशी से देखता है, फिर सर्द और गम्भीर आवाज़ में दर्शकों से बोलना शुरू करता है।)

दर्शक : बस, खामोशी से बैठे रहिये। कोई भी गड़बड़-सड़बड़ न करे। चालाक बनने की कोशिश न करे।

(क्षणिक चुप्पी)

मैं न तो नाटक का सूत्रधार हूँ, न अभिनेता और न ही निर्देशक···नाटक-नौटंकी भी अपनी ज़िन्दगी में मैंने कभी नहीं देखी और मुझे इस सबसे कोई मतलब भी नहीं है।

(क्षणिक चुप्पी)

पुलिस मेरा पीछा कर रही है और मैं अपनी जान बचाकर यहाँ घुस आया हूँ। (सतर्कतापूर्वक) न-न-न-न, कोई अपनी जगह से हिले नहीं।

(अपनी जेब से एक पिस्तौल निकालता है।)

किसी की हत्या करना, खून करना मेरे लिए ज़रा भी मुश्किल नहीं है। मेरा पेशा ही कुछ ऐसा है···मैं किसी भी पल कोई भी अपराध कर सकता हूँ··· लेकिन इसका यह मतलब भी नहीं है कि मैं किसी को यूँ ही तंग करने लगूँगा···मैं तो पुलिस से बचकर यहाँ आया हूँ···कुछ देर बाद अपने-आप चला जाऊँगा··· इसलिए···

(कोरस के स्वर पुनः तेज़ होने लगते हैं। पल वह ध्यान से सुनता है और फिर कुछ सोचते हुए बोलना शुरू करता है।)

···वह आवाज़ें कुछ जानी-पहचानी लग रही हैं। ऐसा लगता है जैसे मैं पहले भी इन्हें सुन चुका हूँ··· कहाँ सुनी हैं यह आवाज़ें···गीत···भजन···कुछ याद नहीं आता···'पाप-पुण्य में मत उलझाओ, जीवन नरक बने'···सब···बकवास···(**हँसता है।**)

(स्वामी दिव्यानन्द की "जय-जयकार" के साथ मंच पर प्रकाश फैलता है। एक ऊँचे आसन पर स्वामी दिव्यानन्द बैठे दिखाई देते हैं। फूल

और नोटों की मालाओं से लदे स्वामी जी धीर-गम्भीर मुद्रा में आँखें मूँदे ध्यानावास्था में दिखाई देते हैं ।

उनके पास एक चौकी पर ढेरों कीमती सामान, वस्त्र, आभूषण, रुपया-पैसा, मेवे-फल इत्यादि रखे हैं ।

सामने हाथ जोड़े श्रद्धा-भाव से बैठे भक्तगणों में अमीर, गरीब, स्त्री-पुरुष—सभी हैं ।)

डाक : **(घृणापूर्वक)** साला ढोंगी···बगुला भगत···लोगों की धार्मिक भावनाओं को एक्सप्लायट कर रहा है···स्वामी दिव्यानन्द हूँ ह···इससे अच्छा तो मैं ही हूँ···लोगों को बेवकूफ तो नहीं बनाता···चोरी करता हूँ, डाका डालता हूँ, खून करता हूँ···शान से···जो कुछ करता हूँ···खुलकर करता हूँ···पुलिस से बचता जरूर फिरता हूँ, लेकिन अगर आमना-सामना हो ही जाये पुलिस से तो मुँह छिपाकर नहीं भागूंगा···दो-दो हाथ करूँगा ···फिर चाहे जान ही क्यों न चली जाये···और यह साला ठग···तुमसे तो मैं समझूंगा···स्वामी के बच्चे···!

(भक्तगण आरती गाने लगते हैं। वह मंच पर दबे पाँव चढ़ जाता है और भक्तों में ही शामिल हो जाता है। कोई ध्यान नहीं देता, बस भाव-विह्वल हो श्रद्धापूर्वक आरती गाये जा रहे हैं ।

वह भी अपना बेसुरा सुर उनके साथ ही जोड़ देता है, पर उसका ध्यान कहीं और ही है ।)

भक्तगण : **(आरती गा रहे हैं)**

जय-जय दिव्यानन्द स्वामी, जय-जय दिव्यानन्द

ध्यान-सोचे में डूबे स्वामी, कैसा परमानन्द,

हम हैं पापी-जनम-जनम के माया में **भटकें**
झूल रहे हैं ऐसे-जैसे कटी पतंग भटके···**स्वामी**···
नैया डोल रही है भँवर में संकट का ये क्षण
भवसागर से पार उतारो आये तेरी शरण···स्वामी··
जय-जय दिव्यानन्द स्वामी, जय-जय दिव्यानन्द···

(आरती-स्तुति समाप्त करके भक्तगण एक-एक करके स्वामी दिव्यानन्द के चरणों में दूर से ही सश्रद्धा माथा टेकते हुए जाने लगते हैं। दर्शक जान-बूझकर अपने को सबसे पीछे रखता है।

जब सब चले जाते हैं तो वह भी स्वामी दिव्यानन्द के सामने आकर सश्रद्धा माथा टेकने के लिए झुकता है।

स्वामी अपनी आँखें खोलकर शान्त भाव से मुस्कराते हुए अपना एक हाथ उसके सिर पर स्नेहपूर्वक फेरने के लिए बढ़ाते हैं, किन्तु दूसरे ही क्षण दर्शक के हाथ में पिस्तौल चमक उठती है। स्वामी के चेहरे पर भय की लकीरें खिंच जाती हैं, वह थर-थर काँपने लगता है।)

स्वामी : कौन हो तुम ?··· क्या चाहते हो ?···ये पिस्तौल क्यों दिखा रहे हो ?

(दर्शक ठहाका मार कर हँस पड़ता है।)

दर्शक : स्वामी दिव्यानन्द···! (**हँसता है**) मैं तुम्हारा काल हूँ···और ये पिस्तौल तुम्हें भव-सागर के पार उतार देगी···!

स्वामी : (**भयभीत होकर**) नहीं-नहीं···!

दर्शक : डरते हो मरने से ?···बहुत बेवकूफ बनाया है जनता को तुमने···बड़ा उपदेश देते हो ! तुम तो मोक्ष देते

हो भोली-भाली जनता को इन नोटों और सोने-चाँदी के जेवरों के बदले में ?···बहुत ठगा है लोगों को तुमने !···एई ये नोटों की माला उतार दो गले से···!

(स्वामी जल्दी से गले की माला उतार देता है ।)

स्वामी : ···ये···ये तुम ले लो···और भी जो तुम्हारे जी में आये ले लो···मगर मुझे जाने दो···।

दर्शक : **(उसे धमकाते हुए)** ताकि तुम कहीं और जाकर अपना ये स्वामी वाला धन्धा शुरू कर सको ? अरे स्वामी के बच्चे ! मैं तुम्हें जिन्दा नहीं छोड़ूँगा···।

स्वामी : **(गिड़गिड़ाता है)** नहीं-नहीं, मुझे मारो मत, मैं कोई और धन्धा कर लूँगा···कहीं और चला जाऊँगा और ये स्वामी का चोला उतार कर फेंक दूँगा···मुझे छोड़ दो, जाने दो ।

दर्शक : जाने दूँ ?

स्वामी : हाँ, भगवान के लिए मुझे जाने दो···भगवान तुम्हारा भला करेगा···!

दर्शक : तुमने देखा है भगवान को ?

स्वामी : नहीं···।

दर्शक : तुम भगवान पर विश्वास करते हो ?

स्वामी : हाँ···नहीं-नहीं···।

(दर्शक झपट कर उसकी गर्दन पकड़ लेता है ।)

दर्शक : अबे स्वामी के बच्चे ! जब तूने भगवान को देखा नहीं ···तू उस पर विश्वास भी नहीं करता, तब क्यों उसे बीच में घसीटता है ? साले, क्यों मेरे हाथ से एक हत्या कराना चाहता है ?

(उसे झटका देता है ।)

भाग जा यहाँ से···और ये स्वामीगीरी छोड़ दे, वरना मैं तुझे जिन्दा नहीं छोड़ूँगा···!

(स्वामी दिव्यानन्द गिरते-पड़ते चल देते हैं ! दर्शक इत्मीनान से पीछे मुड़ता है । एक बार चौकी पर फैले कीमती सामान, जेवरों और नोटों की ओर देखता है ।

फिर अचानक मुड़कर पिस्तौल जाते हुए स्वामी की ओर तान देता है—'धाँय धाँय' की दो आवाजें होती हैं । स्वामी के मुँह से पूरी चीख भी नहीं निकल पाती और वह लड़खड़ाकर ज़मीन पर ढेर हो जाता है । दर्शक पिस्तौल को एक बार प्यार से देखकर अपनी जेब में खोंस लेता है ।)

दर्शक : साला स्वामी का बच्चा ! मुझे बेवकूफ समझता था !

(ढेर से एक चादर उठाकर जल्दी-जल्दी सामान की एक गठरी बनाता है और गठरी को कंधे पर लाद कर मंच के नीचे उतर कर पहले वाले स्थान पर ही आ जाता है । मंच पर अँधेरा और उस पर उजाला है ।)

(सामने बैठे दर्शकों से) साला रहा न वही चोर-उच्चका-खूनी···यही सोचा होगा न आपने मेरे बारे में ?

(क्षणिक चुप्पी)

यह ठीक है कि मैं बहुत खराब आदमी हूँ और किसी का खून-वून करना मेरे लिए बायें हाथ का खेल ही है, लेकिन यह जरूरी तो नहीं है कि आदमी जो कुछ भी सोचे वह हमेशा सही ही निकले ।

(क्षणिक चुप्पी)

यह तो सच ही है कि मैंने स्वामी दिव्यानन्द का सारा माल बटोर कर इस गठरी में बाँध लिया था, मगर यह सच नहीं है कि मैंने उनका खून भी किया था···और यह सब इतना मेलोड्रैमेटिक भी नहीं था जो आपने देखा। दरअसल हुआ यों कि···नहीं-नहीं, ऐसे आपको यक़ीन नहीं होगा।···अपनी आँखों से ही देखिये वह सब कुछ जो सचमुच हुआ था···।

(मंच पर आ जाता है जो उसके आने के साथ ही आलोकित हो जाता है।

स्वामी दिव्यानन्द अपने आसन पर शान्त भाव से बैठे मुस्करा रहे हैं।

दर्शक उनके पास जाकर गठरी रख कर खोलता है और फिर जल्दी-जल्दी दोबारा बाँध कर कंधे से लटका लेता है।)

(स्वामी से) स्वामी जी, आप ठहरे साधू-महात्मा··· संन्यासी, यह धन-दौलत आपके तो किसी काम आयेगी नहीं, लेकिन मेरे लिए यह बहुत महत्व की चीज़ है। आपका यह भक्त इसे लिए जा रहा है। कृपा करके शोर मचाने या हल्ला-गुल्ला करने की कोशिश मत करियेगा···वरना आप जैसे पुण्यात्मा की हत्या करने में भी मैं हिचकूँगा नहीं···ओके, गुड बाई, स्वामी दिव्यानन्द!

(स्वामी जी शान्त भाव से मुस्कराते रहते हैं। वह गठरी कंधे पर लटकाये चल देता है और जैसे ही मंच के नीचे उतरने को होता है, स्वामी की धीर-गंभीर आवाज़ सुनाई देती है।)

स्वामी : ठहरो, वत्स!

(वह ठिठक जाता है।)

इधर देखो !

(वह मुड़ कर देखता है।)

मैं समझता था कि तुम कोई बहुत बड़े चोर या डाकू होगे, मगर तुम तो मामूली-से उच्चक्के निकले।

दर्शक : क्या बकते हो ?

स्वामी : यहाँ धन-दौलत का भंडार फैला हुआ है और तुम इस मामूली-सी दौलत से ही सन्तुष्ट हो कर जा रहे हो ?

दर्शक : तुम मुझे बातों में लगा कर रोकना चाहते हो ताकि तुम्हारा कोई चेला-चपाटी आ जाये और...।

स्वामी : तुम मुझे मूर्ख भी लगते हो।

दर्शक : (**गुस्से से**) क्यों अपनी मौत को बुला रहे हो, स्वामी दिव्यानन्द ?

स्वामी : (**शान्त भाव से**) गुस्से में आदमी अन्धा भी हो जाता है।

दर्शक : तुम्हारे उपदेशों का मुझ पर कोई असर नहीं होगा, स्वामी !

स्वामी : मेरे उपदेश इतने निरर्थक नहीं है कि मैं उन्हें एक मूर्ख पर व्यर्थ करूँ।

(उसकी आँखों में आँखें डाल देते हैं।)

तुम्हारे सिर पर मुझे मौत की काली छाया नाचती दिखाई दे रही है। तुम्हारा अन्धा भविष्य मुझे स्पष्ट दिखाई दे रहा है। जेल के सींखचे और उनमें जकड़ा तुम्हारा दुर्भाग्य, फाँसी का फन्दा और फन्दे में झूलता तुम्हारा शरीर...!

(दर्शक सिर से पाँव तक सिहर जाता है।)

क्या तुम एक औरत की हत्या करके नहीं भागे हो... क्या वह औरत एक वेश्या नहीं थी ? क्या तुम उससे

प्यार नहीं करते थे ? उसने तुमसे बेवफाई की और तुमने उसे···।

(दर्शक बौखला जाता है ।)

दर्शक : बस···बस करो स्वामी, किसी ने सुन लिया तो···!

स्वामी : **(हँसता है)** डर गये । तुम डरपोक और कायर भी हो··· बाहर पुलिस कुत्तों की तरह तुम्हारी गन्ध सूँघती घूम रही है । इतने डरपोक और कायर बनकर तुम उनका सामना कैसे करोगे ?

(क्षणिक मौन)

इधर आओ !

(वह मन्त्रमुग्ध-सा खिंचा हुआ स्वामी दिव्यानन्द के पास आ जाता है ।)

बैठ जाओ !

(वह बैठ जाता है ।)

तुम चोरी क्यों करते हो ?

दर्शक : क्योंकि यही मेरा पेशा है ।

स्वामी : कोई दूसरा पेशा क्यों नहीं करते ?

दर्शक : इसलिए कि अपनी कमाई की सबसे पहली रोटी मैंने चोरी करके ही खाई थी । फुटपाथ पर मैंने अपनी आँखें खोली थीं । मेरे माँ-बाप कौन थे, मुझे नहीं, मालूम । किसने मुझे पाला-पोसा, मुझे नहीं मालूम । मुझे तो बस इतना मालूम है कि मुझे भूख लगी थी, कई दिन से पेट में कुछ भी नहीं गया था···जूठन भी नहीं, क्योंकि मेरा हाथ पहुँचने के पहले ही मुझसे बड़े भिखारियों के बच्चे उसे उठा लेते थे···या कोई कुत्ता झपट लेता था···और जब भूख बर्दाश्त के बाहर हो गयी थी तो मैं रोटी का एक टुकड़ा उस अन्धे भिखारी के कटोरे से उठा कर भाग निकला था । बहुत स्वाद

आया था उस सूखे टुकड़े में भी, इतना स्वाद कि फिर मैंने उस स्वाद को ही अपना पेशा बना लिया… मैं चोरी करने लगा।

(स्वामी आन्दोलित हो उठते हैं। एक पल चुप रहते हैं, उठ कर खड़े हो जाते हैं। चहलकदमी करते हैं, फिर उससे कुछ दूर जाकर खड़े हो जाते हैं।)

स्वामी : मेरे आश्रम से यह जो धन तुम उठा कर ले जा रहे हो, क्या यह तुम्हारे लिए पर्याप्त होगा ?

दर्शक : चोरी का माल कभी टिकता नहीं है, स्वामी जी ! कितने दिन यह चलेगा, कुछ नहीं कह सकता।

स्वामी : इसका मतलब है, तुम फिर चोरी करोगे।

दर्शक : हाँ, जब भी मौका लगा चूकूँगा नहीं।

(स्वामी कुछ सोचते हैं।)

स्वामी : देखो, इस काम में बहुत खतरे हैं। तुम कभी भी पकड़े जा सकते हो और वैसे भी पुलिस…।

दर्शक : मैं खतरों से नहीं डरता स्वामी जी, यह भी मेरे पेशे का ही एक हिस्सा है। चोरी करता हूँ, कई बार उठने पकड़ा भी जाता हूँ …मार भी पड़ती है…कई बार तो के काबिल भी नहीं रहता हूँ, बहुत बार जेल भी हो आया हूँ…अब तो आदत पड़ गयी है।

स्वामी : देखो, मैं तुम्हें एक उपाय बताता हूँ।

दर्शक : कैसा उपाय ?

स्वामी : उसमें कोई खतरा नहीं, डर नहीं ! तुम आराम से इस आश्रम में रह सकते हो।

दर्शक : आप मुझे भी अपना चेला बनाना चाहते हैं ?

स्वामी : नहीं ! तुम चोर हो, चोर ही रहोगे। मैं तो यह कह रहा हूँ कि तुम इस आश्रम में रहो …आश्रम में भक्तगण

प्रतिदिन सुबह-शाम ढेरों चढ़ावा चढ़ाते हैं···धन-दौलत, वस्त्र, आभूषण लेकर आते हैं···तुम वह सब ले लिया करो···मेरी ओर शंका से मत देखो, मैं संन्यासी हूँ, चालबाज़ नहीं। मेरे लिए यह सब धन-दौलत बेकार की वस्तुएँ है, मैं इन्हें अपने पास रखता भी नहीं। दीन-दुखियों को बाँट देता हूँ···धर्म के कार्य में लगा देता हूँ। अगर यह मैं तुम्हें दे दूँगा तो तुम कहीं चोरी करने नहीं जाओगे, इस तरह तुम लोगों को दुखी नहीं कर पाओगे···सताओगे नहीं···तुम्हें चढ़ावे की सामग्री देकर एक तरह से मैं उन तमाम लोगों का कल्याण ही करूँगा जिनके यहाँ तुम चोरी या डाका डालने जाते। आश्रम में रह कर तुम पुलिस से भी बचे रहोगे। कोई तुम पर शक नहीं करेगा और जब तुम्हारी इच्छा भर जाये, तुम्हें लगे कि तुम्हारे पास इतनी दौलत हो गयी है कि तुम्हें चोरी-डाका डालने की आवश्यकता नहीं पड़ेगी तब तुम निश्चिन्त होकर कहीं दूर चले जाना और आराम का जीवन व्यतीत करना···सोच लो एक बार अच्छी तरह से···मन जमे तो रुकना, नहीं तो अपने रास्ते चले जाना, मैं तुम्हें रोकूँगा नहीं।

(स्वामी तेज़ी से चले जाते हैं। दर्शक कुछ क्षणों तक ठगा-सा सोचता रहता है। पृष्ठभूमि से शोर उभरता है—'चोर-चोर···पकड़ो··· पकड़ो···खूनी है···मारो···मारो···' आदि। शोर थमता है। दर्शक के होठों पर मुस्कान थिरक उठती है।)

दर्शक : साला आइडिया तो बुरा नहीं है इस स्वामी के बच्चे का—हर्र लगे न फिटकरी और रंग चोखा···!

(एक पीत वस्त्र जो चौकी पर ही पड़ा था, उठा कर अपने कन्धों पर डाल लेता है।
मंच पर धीरे-धीरे अँधेरा हो जाता है।
अँधेरे में कुछ देर उपयुक्त संगीत गूँजता रहता है।

कुछ क्षणों बाद पुनः प्रकाश लौटता है।
स्वामी दिव्यानन्द जी अपने आसन पर बैठे दिखाई देते हैं। दर्शक उनके पास ही आसन के एक ओर नीचे बैठा है। वह भी स्वामी जी की तरह ही वस्त्र धारण किये है।
भक्तगण धीरे-धीरे एकत्र हो रहे हैं। वे आते हैं। स्वामी जी को मालाएँ पहनाते हैं। भेंट चढ़ाते हैं। स्वामी उन्हें हाथ लगा कर दर्शक की ओर संकेत कर देते हैं, दर्शक उन्हें अपने पास की चौकी पर रखता जाता है। उसके चेहरे पर खुशी के भाव बार-बार छलक आते हैं जिन्हें वह सप्रयास दबा कर ऊपर से स्वामी जी की तरह ही धीर-गम्भीर दिखाने का बल-पूर्वक प्रयत्न करता रहता है जो स्पष्टतया देखा जा सकता है।

भक्तों की अच्छी-खासी भीड़ जमा हो चुकी है।)

एक भक्त : स्वामी दिव्यानन्द की—

सभी : जय!

(दर्शक के मुंह से भी जय निकल जाती है। स्वामीजी उसे तिरछी नज़रों से घूरते हैं। वह सिटपिटा कर कुछ उलजलूल हरकतें करते हुए सम्हल कर बैठ जाता है।)

एक भक्त : स्वामी दिव्यानन्द की—

सभी : जय !

(एक पुलिस-आफिसर अपनी कैप उतार कर अन्दर आता है। उसकी कमर में पिस्तौल लटक रही है। हाथ में बेंत है।

खोजी नज़रों से वह चारों ओर देखता है। दर्शक भय से सिहर उठता है। वह अपने को सम्हाले रखने का भरपूर प्रयास करते हुए गम्भीर-सा बना रहने की कोशिश करता है।)

एक भक्त : स्वामी दिव्यानन्द की—

सभी : जय !

एक भक्त : स्वामी दिव्यानन्द की—

सभी : जय !

(स्वामी जी शान्त भाव से एक हाथ उठाकर शान्त रहने का संकेत करते हैं। लोग शान्त होकर स्वामी जी की ओर ध्यान केंद्रित करते हैं।

स्वामी जी प्रवचन शुरू करते हैं।)

स्वामी : भक्तजनो ! एक चूहा था और एक बिल्ली। दोनों एक ही मकान में रहते थे। सच पूछा जाये तो दोनों का मालिक भी एक ही था, क्योंकि वह दोनों जो भी खाते-पीते थे वह उस आदमी के ही श्रम की कमाई थी। चूहे ने मकान के एक कोने में छोटा-सा बिल बना रखा था और जब भी मौका मिलता अनाज की बोरियों को कुतर कर अन्न खुद भी खाता और अपने परिवार का भरण-पोषण भी करता था।

(पुलिस का आफिसर खड़े होकर सुनता रहता है।

दर्शक की आँखें ऊपर नहीं उठतीं ! प्रवचन चलता रहता है ।)

बिल्ली सारे घर में उछल-कूद करती । मालिक की गोद में बैठती अच्छे से अच्छा खाती पीती···और जब भी मौका मिलता वह चुपके से मालिक का दूध और मलाई भी चट कर जाती । मालिक ने उसे चूहे मारने के लिए पाल रखा था ।

(क्षणिक मौन)

मालिक भी कोई बहुत ईमानदारी से अपना काम-धन्धा करता हो, ऐसा भी नहीं था···झूठ बोल करके, बेईमानी करके गरीबों का पेट काट करके ही उसने अपनी गोदामें भरी थीं । फिर भी सब चल रहा था, चलता जा रहा था···ठीक बैसे ही जैसे कि कोई चोर चोरी करता है···क्योंकि उसका धर्म और कर्म दोनों ही चोरी करना है···चाहे इसमें किसी का नफा हो या नुकसान···पुलिस उसे पकड़ने की ताक में रहती है क्योंकि सरकार का हुक्म है जिसे बजाना ही उसका कर्तव्य है । हाँ बीच में जब भी उसे मौका मिलता है वह ऊपरी आमदनी भी कर लेता है रिश्वत लेता है···

(पुलिस-अफिसर स्वामी की ओर एक उपेक्षा-पूर्ण दृष्टि डालकर बाहर निकल जाता है ।
दर्शक चैन की साँस लेते हुए माथे का पसीना पोंछता है ।)

सरकार देश का शासन चलाती है और शासन चलाने के लिए हर रोज़ नये कर लगाती है, ताकि शासन ठीक से चल सके, जनता सुखी रहे, मन्त्रीगण सुखी रहे और इससे भी अधिक सरकार खुद सत्ता में बनी रहें ।

(क्षणिक मौन)

तो भक्तजनो ! कहने का तात्पर्य यह है कि सभी अपना-अपना कर्म करते हैं, कर्म लाभदायक भी हो सकता है और हानिकारक भी। यह निर्भर करता है अपनें अपने स्वार्थ और निस्वार्थ पर। यही पाप है और यही पुण्य है, यही अच्छा है और बुरा। जो व्यक्ति इन झंझटों से उबर जाता है वह ऊँचा उठ जाता है उसे ही मोक्ष प्राप्त होता है।

भक्त-जन : (**विभिन्न स्वर**) धन्य है ! धन्य है !!

स्वामी जी महान् हैं।

क्या गूढ़ बात कही है स्वामी जी ने !

स्वामी जी महाज्ञानी है !

एक भक्त : बोलो, स्वामी दिव्यानन्द की—

सभी : जय।

दूसरा भक्त : बोलो, स्वामी दिव्यानन्द की—

सभी : जय !

दर्शक : (**दर्शकों की ओर गर्दन घुमाकर**) साले अच्छे चूतिया चक्कर में फँस गये···!

(भक्त-गण आरती के लिए उठ खड़े होते हैं। यह एहसास होते ही दर्शक भी भड़भड़ा कर खड़ा हो जाता है।)

(**दर्शकों से ही**) अब यह साले आरती करेंगे। फिर इस स्वामी के बच्चे के एक-एक करके चरण छुएँगें··· तब कहीं जाकर···।

(चढ़ात्रे की चौकी पर रखे सामान पर नज़र डालता है।

भक्त-गण आरती गाने लगते हैं। वह भी अपना बेसुरा सुर उनके साथ जोड़ देता है।

मंच पर अँधेरा क्रमशः **फैल जाता है अँधेरे में** आरती के स्वर कुछ पल गूँजते रहते हैं। धीमे-धीमे सब कुछ शान्त हो जाता है। प्रकाश लौटने पर दर्शक मंच पर अकेला ही दिखाई देता है। वह स्वामी जी का आसन, चौकी इत्यादि झाड़-पोंछ कर साफ करता है। करीने से लगाता है। धूपबत्ती इत्यादि जलाता है, फिर चारों ओर नज़र घुमाकर देखता है कि सब कुछ ठीक-ठाक है या नहीं। कहीं कुछ दिखाई दे जाता है और वह उसे भी उठा कर बाहर फेंक देता है। सन्तोषपूर्वक चारों ओर देखता है। फिर दर्शकों की ओर मुस्कारता हुआ घूम जाता है।)

दर्शक : (**दर्शकों से**) लो दोस्तो, लग गयी दुकान। स्वामी दिव्यानन्द जी अन्दर हैं, आश्रम के अपने खास (**खास शब्द पर कुछ ज्यादा ही जोर डालता है**) कक्ष में ध्यानावस्था में हैं। किसी को अन्दर जाने की इजाज़त नहीं है।

(रहस्यपूर्ण स्वर में)

लेकिन महिलाएँ जा सकती हैं। बशर्ते वह ज़रा खूबसूरत और ठसकदार हों। आप मानेंगे नहीं, लेकिन अभी भी एक देवी जी अन्दर हैं। खूबसूरत तो वह खैर क्या हैं, खासी थुल-थुल है मगर उनके साथ जो कन्या हैं न, वह अच्छी-खासी हैं⋯क्या तो उसकी चाल है और क्या⋯बिलकुल ऐसा लगता है जैसे कोई पहाड़ी नदी उफनती हुई चली आ रही हो⋯!

(यकायक होठों पर उँगली रखकर चुप रहने का संकेत करता है।)

शी ऽ ऽ ऽ…!

(दूसरे हाथ से आश्रम के द्वार की ओर संकेत कर मुस्कराते हुए आँख दबाता है।

एक थुल-थुल औरत जो काफी सम्पन्न घराने की लगती है, आश्रम के अन्दर से निकलती है। उसके पीछे एक खूबसूरत कन्या जो कन्या क्या उफनती जवानी है, निकलती है।

दर्शक महिला के सामने आदर से झुककर अभिवादन करने का प्रयत्न करता है। वह बिना ध्यान दिये अभिजात्य ढँग से चली जाती है। दर्शक झेंप कर कन्या की ओर अपनी खींसे निपोर देता है!)

दर्शक : न…नमस्ते बहन जी…!

(कन्या कड़ी नज़रों से उसे घूरती है।)

कन्या : ह्वाट नानसेन्स !

(महिला के पीछे-पीछे ही निकल जाती है।)

दर्शक : (दर्शकों से) धत्त तेरे की…इधर साली कोई लिफ्ट ही नहीं…अपनी शकल क्या इतनी बुरी है? उस स्वामी के बच्चे से तो ज़्यादा ही स्मार्ट लगता हूँ…!

(मुँह बनाकर आसन पर बैठ जाता है।)

वैसे साला ये स्वामीगीरी का धन्धा भी बुरा नहीं है, चोरी और उठाईगीरी से तो अच्छा ही है, कोई रिस्क नहीं, ख़तरा नहीं। सुबह-शाम दण्ड पेलो…तर माल खाओ…भक्तों को उल्लू बनाओ…!

(स्वामी दिव्यानन्द की तरह ही प्रवचन देने लगता है।)

हाँ तो भक्तजनो ! मेरे कहने का तात्पर्य है कि जगत माया है—बन्धन है । माया-मोह के बन्धनों से बचो तभी त्राण है, कल्याण है···तभी मन को शान्ति प्राप्त हो सकती है···।

(स्वामी दिव्यानन्द आश्रम के बाहर आते हैं और दर्शक को अपने आसन पर बैठ कर अपने ढंग से प्रवचन देते हुए देख मुस्कराते हैं । दर्शक को उनके आने का ज़रा भी आभास नहीं है । वह पूर्ववत् बोलता जाता है ।)

शान्त मन निर्विकार होता है और निर्विकार आत्मा को निराकार परमात्मा से मिलने में कोई बाधा नहीं होती । दोनों एकाकार हो जाते हैं । व्यक्ति की यह—यही चरम परिणिति ही मोक्ष हैं···।

(स्वामी दिव्यानन्द मुस्कराते हुए आगे बढ़ते हैं ।)

स्वामी : धन्य हो···धन्य हो, वत्स !

(दर्शक के पाँव तले से जैसे ज़मीन निकल जाती है । काटो तो खून नहीं, इस स्थिति में वह भड़भड़ा कर खड़ा हो जाता है ।)

दर्शक : स्वामी जी ! आप···वो···दरअसल···माफ करियेगा मैं ज़रा यूँ हीं···

स्वामी : ग्लानि मत करो, वत्स ! तुमने कोई बुरा काम नहीं किया ।मुझे यह देखकर प्रसन्नता हुई कि तुम्हारा ध्यान अब आत्म-चिन्तन भी करने लगा है, भौतिक चिन्तन से अब तुम्हारा मन उचट रहा है··· ।

दर्शक : नहीं-नहीं स्वामी जी, मैं तो बस···।

स्वामी : यह अच्छे लक्षण हैं । सुनो वत्स, मैं १५ दिन के लिए समाधि लेना चाहता हूँ । मेरी इच्छा है कि तुम इसी

तरह से इस आसन पर बैठकर भक्तजनों को प्रवचन करो…!

दर्शक : स्वामी जी ये आप क्या कह रहे हैं ! मैं एक मामूली-सा चोर उच्चका…खूनी…!

स्वामी : मुझे तुम पर पूर्ण विश्वास है।

दर्शक : लेकिन आप…?

स्वामी : अब मैं कुछ भी नहीं सुनूँगा, वत्स…भक्तों की जिज्ञासा शान्त कर सकोगे, यह मैं जानता हूँ…तुम आसन सम्हालो, मैं समाधि के लिए जाता हूँ…पन्द्रह दिन बाद निकलूँगा…और हाँ, जैसा तुम करते आये हो वैसा ही करना। मेरा तात्पर्य है…चढ़ावे का जो माल आये उसे तुम सम्हाल कर अपने पास जमा करते जाना…मुझे विश्वास है, तुम भक्तों की भीड़ बढ़ाओगे …आमदनी दुगनी करोगे…और…और कुछ नहीं… मैं चलता हूँ, वत्स…मेरा आशीर्वाद तुम्हारे साथ है।

(स्वामी दिव्यानन्द आश्रम के द्वार की ओर बढ़ जाते हैं। दर्शक हड़बड़ा कर बौखलाया-सा उनके पीछे भागता है।)

दर्शक : स्वामी जी…स्वामी जी ! सुनिये तो सही स्वामी जी…!

(स्वामी जी मुड़कर भी नहीं देखते और अन्दर जाकर आश्रम का द्वार भड़ाक से बन्द कर लेते हैं।

दर्शक सिर पीटकर रह जाता है। दोनों हाथों से सिर के बाल नोंचता हुआ किंकर्त्तव्यविमूढ़ आगे आता है।)

दर्शक : **(दर्शकों से)** यह तो सर मुड़ाते ही ओले पड़ गये। फँसा दिया न इस स्वामी के बच्चे ने। अब साला यह स्वामीपन का चूतियापा सम्हालो…ढोंग रचो…

प्रवचन दो···भाषण दो···आत्मा···परमात्मा···मोक्ष··! आओ-आओ भक्तजनो···सालो, इस चोर का, खूनी का प्रवचन सुनो।···उल्लुओ···आओ। आओ···आओ गधो! यह उच्चका स्वामी हो गया है···स्वामी उच्चकानन्द···बोलो श्री-श्री एक हज़ार एक सौ आठ स्वामी उच्चकानन्द की जय!

(वस्त्र के अन्दर से शराब की बोतल निकाल कर गटागट पीता है।

पागल की तरह अनाप-शनाप बकता रहता है और अन्ततः थक कर हाँफते हुए···दोनों हाथों से सिर थाम कर···आसन पर धम्म से बैठ जाता है।

मंच का प्रकाश उपयुक्त संगीत के साथ क्रमशः आसन की ओर सिमटने लगता है···कुछ क्षण आसन पर बैठे बेचैन दर्शक के ऊपर प्रकाश की क्षीण किरण रहती है, फिर सम्पूर्ण मंच अन्धकार में डूब जाता है, अँधेरे में संगीत गूँजता रहता है।)

अंक दो

(दर्शक आसन पर फूल-मालाओं से लदा स्वामी दिव्यानन्द की तरह ही बैठा है, मगर उसके ठाठ-बाट कुछ और ही हैं।
सामने मेवे, मिष्ठान, और फलों के थाल हैं। थालों में से स्वादिष्ट व्यंजन उठा-उठाकर वह पूरे स्वाद के साथ मज़े ले-लेकर खा रहा है। बारी-बारी से सभी चीज़ें खाता है और खाता कम है, दरअसल चख-चख कर इधर-उधर उछालता ज्यादा है।)

दर्शक : वाह ! क्या बात है मजा आ गया साली इस स्वामी-गीरी में···इतने स्वादिष्ट और छप्पन प्रकार के भोजन तो मुझे अपने धन्धे में भी कभी नहीं मिले खाने को··· हमेशा उलझन बनी रहती थी कि कहीं धर न लिया जाऊँ···साला एक कौर भी चैन से नहीं उतरता था···

(एक सेब उठाकर खाता है।)

स्वामी दिव्यानन्द बैठे हैं समाधि में। आठ फुट गहरे गड्ढे में आसन लगाये। प्राणायाम की मुद्रा में···कहते हैं, प्राणायाम में प्राण मस्तिष्क में चले जाते हैं। हद हो गयी···साले प्राण न हो गये वायु का गोला हो गया जो सारे शरीर में घूमता रहता है।

(ठहाका मार कर हँसता है।)

हाँ तो वत्स स्वामी दिव्यानन्द बैठे हैं समाधि में और स्वामी उच्चकानन्द माल उड़ा रहे हैं !

(सेब एक ओर उछाल देता है और मिष्ठान खाता है।)

वाह ! पिस्ते की बर्फी, क्या स्वाद है साला…इसे कहते हैं प्यारे किस्मत…!

(पृष्ठभूमि से "जय-जय स्वामी जी जय, जय-जय" का नारी कण्ठ-स्वर नज़दीक आता प्रतीत होता है। दर्शक सम्हल कर बैठ जाता है।)

अर…र…र…आ गये…चेले-चापड़ आ गये…चलो बेटा, आ-जाओ स्वामी उचक्कानन्द के चोले में…!

(जल्दी से हाथ का मिष्ठान मुँह में ठूँस कर किसी तरह हलक में उतार लेता है। हड़बड़ी में मुँह साफ करता है और तन कर बैठ जाता है।

वही पहले वाली अभिजात्य महिला और उसकी जवान कन्या आती है। कन्या के हाथ में कटोरी है और महिला के हाथ में पंखा।)

महिला : (**जपती हुई**) जय-जय स्वामी जी जय-जय, जय… जय-जय-स्वामी जी जय-जय-जय !

दर्शक : (**दर्शकों से**) वही है न घमण्डी औरत और उसकी नाक-चढ़ी कन्या ह्वाटनानसेन्स ! आज चढ़ीं दोनों हत्थे…!

(महिला दर्शक के चरणों में माथा टेकने को होती है, किन्तु बदली सूरत देख कर चौंक जाती है।)

दर्शक : चौंकों मत, सौभाग्यवती। तुम्हारे सामने हैं स्वामी उच्चकानन्द स्वामी दिव्यानन्द तो चले गये समाधि में।

महिला : (**गद्‌गद् होकर**) ओह…स्वामी जी का एक रूप समाधि में और दूसरा मेरे सामने…धन्य है--धन्य है …प्रभू…स्वामी…आप कितने कृपालु हैं !

(दर्शक के चरणों पर माथा टेक देती है। उसे पैरों में गुदगुदी-सी महसूस होती है। वह बेचैनी से इधर-उधर पहलू बदलता है। महिला चरण पकड़ कर बैठ जाती है तो उठने का नाम ही नहीं लेती।)

दर्शक : **(बोखला कर)** बस-बस···ओह बस करो···गुदगुदी मचती है···ओफ···ओफ···सौभाग्यवती हो, पुत्रवती हो···पतीवती हो···अगरबत्ती हो।

कन्या : मम्मी ! स्वामी जी अगरबत्ती जलाने को कह रहे हैं।

महिला : **(सिर उठाकर)** तो जला दे बेटी, अगरबत्ती जला दे।

(दोबारा दर्शक के पैरों में माथा टेक देती है। वह झुँझला जाता है।)

दर्शक : आलस्य बुरी बला है, देवी ! अगरबत्ती तुम स्वयं जलाओ।

कन्या : मम्मी ! स्वामी जी आपसे अगरबत्ती जलाने को कह रहे हैं।

महिला : अच्छा-अच्छा बेटी मैं जलाती हूँ तू स्वामी जी के चरण स्पर्श कर।

(महिला उठ कर अगरबत्ती जलाने लगती है। कन्या दर्शक के चरण-स्पर्श करने को बढ़ती है।)

दर्शक : इसकी कोई आवश्यकता नहीं है, कन्या ! तुम इधर आओ, मेरे पास बैठो···!

कन्या : स्वामी जी, मैंने आपके लिए खीर बनाई है अपने हाथों से···।

दर्शक : तो फिर खिलाओ कन्या, अपने हाथों से ही।

कन्या : जो आज्ञा, स्वामी जी !

(कन्या खीर खिलाने के लिए, चम्मच दर्शक की ओर बढ़ाती है।)

दर्शक : **(मुंह बनाकर)** ह्वाट नानसेन्स !

कन्या : (**घबड़ाकर**) क्या हुआ, स्वामी जी ?

दर्शक : गर्मी···गर्मी···ओफ···!

कन्या : मम्मी ! स्वामी जी को गर्मी लग रही है ।

(महिला भाग कर आती है ।)

महिला : तू खीर खिला, मैं स्वामी जी पर पंखा झलती हूँ ।

(महिला पंखा झलती है । कन्या पुनः चम्मच आगे बढ़ाती है ।)

दर्शक : (**मुँह बिचकाकर**) ह्वाट नानसेन्स !

कन्या : अब क्या हुआ, स्वामी जी ?

दर्शक : मेरे पास आकर बैठो और फिर खिलाओ खीर···।

(कन्या अपनी माँ की ओर बेबसी से देखती है ।)

महिला : बैठ जा बेटी, बैठ जा ! स्वामी जी तुझसे बहुत स्नेह करते हैं ।

दर्शक : तेरी माँ बहुत समझदार है, कन्या । (**दर्शकों से**) वैसे है साली एकदम कूढ़मगज़ । (**कन्या से**) मैं तुझसे सचमुच बहुत स्नेह करता हूँ, आओ बैठो मेरे पास ।

(कन्या, दर्शक के बगल में ही आसन पर झिझकती-शर्माती बैठ जाती है । दर्शक उसकी कमर को अपने एक हाथ के घेरे में लेकर अपनी ओर खींच लेता है ।)

कन्या : (**सीत्कार उठती है**) उई माँ···!

दर्शक : (**मुस्करा कर**) पंखा झल रही है तुम्हारी माँ···बड़ी पुण्यात्मा है, मरने के बाद सीधे स्वर्ग में ही जायेगी बिना टिकिट । तुम खीर खिलाओ अपने हाथों से ।

(कन्या, दर्शक को खीर खिलाती है ।)

दर्शक : वाह ! वाह-वाह···क्या स्वादिष्ट खीर बनाई है तुमने ···ऐसी खीर तो कभी मेरे बाप ने भी नहीं खाई होगी···!

कन्या : (**आश्चर्य से**) आपके बाप···?

दर्शक : (**बौखला जाता है**) अर र र र···मेरा मतलब है मेरे बाप भी ऐसी स्वादिष्ट खीर से ही नाश्ता किया करते थे···नहीं, नहीं, मेरा मतलब है···स्वामी जी...बड़े स्वामी जी को भी खीर बहुत पसन्द है···और इसीलिए···मैं भी···

महिला : (**गदगद् होकर**) बेटी, तू स्वामी जी को रोज़ाना खीर खिला दिया कर।

दर्शक : मगर अकेले आकर।

महिला : क्या कहा, स्वामी जी ?

दर्शक : म···म मैंने कहा, अपनी माँ को भी ले आया कर।

महिला : धन्य हैं—धन्य हैं स्वामी जी आप बड़े कृपालु हैं।

दर्शक : तुम्हारा काम सम्पन्न हो गया, देवी।

महिला : (**यकायक खुश होकर**) मेरा काम सम्पन्न हो गया··· आप···आप क्या कह रहे हैं, स्वामी जी ?

दर्शक : मुझे गर्मी नहीं सता रही है, अब तुम जा सकती हो। मैं सच कह रहा हूँ···तुम्हारा काम हो गया।

महिला : इसका मतलब है, मेरा खोया हुआ हीरे का हार मिल गया···?

दर्शक : तुरन्त जाओ।

महिला : (**उतावली से**) कहाँ होगा, स्वामी जी ?

दर्शक : घर जाओ।

महिला : किस दिशा में होगा ? पूरब में, पश्चिम में, उत्तर में ?

दर्शक : (**दहाड़ कर**) निकल जाओ।

महिला : ओह उत्तर में···चल बेटी, चल ?

दर्शक : अकेली जाओ···!

महिला : हाँ-हाँ, अकेली जाऊँगी !

(तेज़ी से चल देती है।)

जय-जय स्वामी जी···जय-जय-जय···जय-जय···!

दर्शक : यह खीर का खाली कटोरा भी लेती जाओ···

(महिला जल्दी से वापस आती है, कन्या के हाथ से कटोरा लेती है और चल देती है। पहले की तरह ही 'स्वामी जी-स्वामी जी' का जाप करते हुए।)

दर्शक : **(पुनः पीछे से हांक लगाता है।)** हाथ में लेकर मत जा मूर्ख बुढ़िया, सिर पर उल्टा ले···!

(महिला कटोरा सिर पर औंधा कर भुन-भुन करती चली जाती है। दर्शक ठहाका मार कर हँसता है।)

कन्या : **(भोलेपन से)** क्या हुआ, स्वामी जी ?

दर्शक : **(हँसता है)** बेवकूफ !

(उसे अपने और नज़दीक खींच लेता है।)

कन्या : **(कुछ न समझते हुए)** कौन, स्वामी जी ?

दर्शक : **(हँसता है)** मूर्ख !

(अपनी दोनों बाँहों में जकड़ लेता है।)

कन्या : **(हैरानी से)** कौन, स्वामी जी ?

दर्शक : स्वामी जी की बच्ची तू···!

(उसे दबोचे हुए आसन पर लिटा देता है और स्वयं उसके ऊपर चढ़ बैठता है।)

सुनहरा भविष्य तेरी ओर मुँह बाये खड़ा है···सातों आसमान को भेद कर आनन्द के चरम बिन्दु तक ले जाने के लिए···यही सत्य है···यही धर्म है···यही शाश्वत है···यही वह बिन्दु है जहाँ आत्मा और परमात्मा मिल कर एकाकार हो जाते हैं···सभी रसों की धाराएँ फूटकर एक पिन्ड में बदल जाती हैं···भूल जाओ सब कुछ, बस इतना याद रखो···यही आनन्द है···परमानन्द···!

(उसके अनछुए होठों की ओर उफनती वासना का तूफान बना झुकता चला जाता है । प्रकाश सिर्फ आसन पर ही रह जाता है ।
कन्या के मुख से एक भंयकर चीख निकलती है और सम्पूर्ण मंच पाप के अँधेरे में नहा जाता है । अँधेरे में कन्या की घुटी-घुटी-सिसकियाँ करुण संगीत के साथ गूँजती रहती हैं । फिर धीरे-धीरे सब कुछ शान्त हो जाता है ।
कुछ क्षणों पश्चात प्रकाश पुनः लौटता है ।
दर्शक मंच के दायें अग्रभाग में प्रोसीनियम वाल से पीठ टिकाये बैठा है । कुछ पल वह चुप्पी साधे बैठा रहता है, फिर दर्शकों की ओर घूमता है ।)

दर्शक : **(दर्शकों से)** बहुत बुरा हुआ न ? आप यही सोच रहे होगें ? च···च-च···मुझे ऐसा नहीं करना चाहिए था ।

(अफ़सोस प्रकट करते हुए सिर थाम कर बैठ जाता है। एक पल रुक कर फिर सिर उठाता है ।)

आप मुझे नीच, कमीना, हरामी···और-और जो भी गालियाँ आपको सूझ रही होंगी माँ की, बहन की--सभी दे रहे होंगे न ? और कहीं अगर मैं आपके हाथ लग जाऊँ तो आप मार-मार कर मेरा कचूमर निकाल देगें, क्यों ?···इतना मारेंगे कि मेरी आने वाली सात पीढ़ियों की औलादें भी गंजी ही पैदा हों, क्यों···? मगर भाई मेरे···!

(उठ कर खड़ा हो जाता है।)

आप लोगों की समझदारी पर मुझे तरस आ रहा है ।

दरअसल मैं एक बुरा आदमी हूँ न ? आपने सोचा होगा कि मैंने यहीं कुछ किया होगा और क्या ! नहीं-नहीं प्यारे, आँख के तारे दर्शक बन्धुओ ! ऐसा कुछ भी नहीं हुआ।···आपने जो कुछ भी देखा, यह सब तो आपका अपना सोचा हुआ था···अगर यकीन न हो तो असल में जो हुआ वह अब देखिये···!

(मुस्कराते हुए आसन की ओर बढ़ जाता है। आसन के पास पहुँचकर मुड़ता है।)

स्वामी दिव्यानन्द जी तो समाधिस्थ हो गये थे और मैं यहाँ पर यूं ही खड़ा सोच रहा था। कुछ समझ में नहीं आ रहा था कि क्या करूँ और क्या नहीं ? सच पूछो तो मेरे हाथ-पाँव फूल गये थे एक मन कहता था—बेटा, इस चक्कर में मत पड़ो जो हाथ लग गया काफी है ज्यादा लालच में मत पड़ो···माल उठाओ और फूट लो। और दूसरा मन कहता था—चलो, जो होगा देखा जायेगा···अभी कुछ भी तय नहीं कर पाया था कि···।

(चारों ओर से स्त्री-पुरुष भक्तों की भीड़ भाव-विह्वल-सी भागती-दौड़ती आती है और दर्शक को घेर लेती है।
दर्शक उनके बीच भौंचक्का-सा मुँह बाये खड़ा है।)

एक भक्त : कहाँ गये स्वामी जी ?

दूसरा भक्त : स्वामी दिव्यानन्द कहाँ चले गये ?

तीसरा भक्त : क्या उन्होंने सचमुच समाधि ले ली ?

चौथा भक्त : मुझे सपना आया था।

पांचवां भक्त : तुम बोलते क्यों नहीं ?

छठा भक्त : स्वामी जी समाधि से कब निकलेंगे ?

एक भक्त : स्वामी जी समाधि कब तोड़ेगें ?

दूसरा भक्त : उन्होंने कुछ बताया नहीं ?

तीसरा भक्त : कुछ न कुछ तो ज़रूर कहा होगा ?

चौथा भक्त : हमारे लिए क्या आदेश है ?

पाँचवाँ भक्त : बताओ न ?

छठा भक्त : चुप क्यों हों ? कहीं-तुमने उनकी गद्दी के लालच में उन्हें मार तो नहीं डाला ?

(दर्शक जो अब तक हक्का-बक्का-सा खड़ा था यकायक पूरा ज़ोर लगा कर चीख पड़ता है ।)

दर्शक : (**चीख कर**) चुप रहो, मूर्खो ! ऐसी ओछी बात कहते हुए तुम्हारी जुबान गल कर क्यों नहीं गिर गयी ?

(सन्नाटा छा जाता है । दर्शक उनकी भीड़ चीरता हुआ आसन की ओर बढ़ जाता है ।)

जिन स्वामी दिव्यानन्द जी ने मुझे नयी ज़िन्दगी दी, अपना शिष्य बनाया, ज्ञान का अपार भंडार दिया, अपना कृपा-पात्र बनाया—उनके विषय में ऐसा सोचने से पहले मैं कुएँ में कूद कर अपनी जान देना ज्यादा अच्छा समझूंगा···।

(सभी के सिर झुक जाते हैं ।)

बैठ जाओ !

(सब चुपचाप बैठ जाते हैं ।)

स्वामी दिव्यानन्द जी ने समाधि ले ली है। समाधि से कब बाहर आयेंगे, यह उन्होंने नहीं बताया । मैंने पूछा भी नहीं । मैं इतना मूर्ख नहीं हूँ कि स्वामी जी की इच्छा के विपरीत कुछ जान कर नर्क का भागी बनूं । मुझे तो बस इतना मालूम है कि स्वामी जी ने कहा था—उच्चकानन्द, जब तक मैं समाधि से बाहर न निकलूं तुम मेरा आसन सम्हालो···!

(आसन पर धीर-गंभीर मुद्रा में बैठ जाता है ।)

भक्तों के प्रश्नों का उत्तर दो, उनकी शंकाओ का समाधान करो···उनकी सेवा करो···भक्तजनो, मेरे कंठ से जो स्वर फूट रहे हैं यह मेरे अपने नहीं हैं । यह तो स्वामी जी की कृपा है···प्रेरणा है जो मेरे अन्तर से उठ रही है···वरना मैं मूर्ख, अज्ञानी सांसारिक व्यक्ति इतने धारा-प्रवाहिक रूप से प्रवचन कैसे दे सकता था ?

(भीड़ में कानाफूसी शुरू हो जाती है ।)

एक भक्त : चमत्कार···स्वामी दिव्यानन्द जी का चमत्कार !

दूसरा भक्त : धन्य है···धन्य है ! स्वामी दिव्यानन्द धन्य हैं !

तीसरा भक्त : बोलो स्वामी दिव्यानन्द की—

सभी : जय !

चौथा भक्त : बोलो स्वामी दिव्यानन्द के परम शिष्य स्वामी उच्चकानन्द की —

सभी : जय !

पाँचवाँ भक्त : स्वामी उच्चकानन्द की—

सभी : जय !

(दर्शक मुस्करा कर स्वामी दिव्यानन्द की तरह ही हाथ उठा कर शान्त होने का संकेत करता है ।)

दर्शक : शान्त ! शान्त, भक्तजनो शान्त ! जब तक परमपूज्य प्रातः-स्मरणीय स्वामी दिव्यानन्द जी समाधि से बाहर नहीं आते, कल से नित्य की भाँति अपने निश्चित समय पर प्रतिदिन स्वामीजी की प्रेरणा से सत्संग हुआ करेगा । आप लोग अधिक-से अधिक संख्या में सत्संग का लाभ लेने के लिए आयें, साथ में निर्विकार, निस्वार्थ भाव से यथा-शक्ति भेंट चढ़ायें ताकि जब स्वामी जी समाधि से बाहर आयें तो हम उनका समुचित सम्मान कर सकें । अब आप लोग जा सकते हैं ।

(भक्त-जन दर्शक के चरण छूते हुए, साष्टांग प्रणाम करते हुए…मन में अगाध श्रद्धा लिए हुए अपने-अपने रास्ते चले जाते हैं। दर्शक अकेला आसन पर बैठा रह जाता है।)

दर्शक : (मुस्कराता हुआ दर्शकों से) कैसा सम्हाला जनता को! साले एक से एक बढ़ कर घामड़ हैं। जैसी पट्टी पढ़ा दी, पढ़ गये। इसी का नाम है हिन्दुस्तान। बोलो भारतमाता की जय…स्वामी उच्चकानन्द की जय…बोलो सब भक्तन की जय!

(क्षणिक मौन)

हँसिये-हँसिये, जी खोल कर हँसिये। मगर मेरी ओर शंका भरी नज़रों से मत देखिये। आप चाहे मानें या न मानें, हुआ यही था।

(क्षणिक मौन)

मेरा सिक्का पूरी तरह से जम गया था। सात दिनों में ही स्वामी उच्चकानन्द के नाम से मेरी कीर्ति-गाथा दूर-दूर तक फैल गयी थी और इन सात दिनों में पुण्य कमाने के चक्कर में बेचारे सैंकड़ों-हज़ारों भक्तों ने स्वामी दिव्यानन्द के नाम पर ढेरों वस्त्र, आभूषण, धन-दौलत और तरह-तरह के पकवानों के ढेर मेरे कदमों पर ऐसे बिछा दिये जैसे मैं सचमुच स्वामी जी को सब भेंट ही करने जा रहा हूँ…।

(क्षणिक मौन)

मगर इस बीच मज़ा बहुत आया…यारो, ऐसे-ऐसे नमूने इन आँखों के सामने से गुज़रे कि पूछो मत… **(हँसता है)** कभी तो जी में आता, सालों को घोड़ा बना कर पीछे से एक-एक लात जमाऊँ और कभी दिल करता, नीम की एक पतली फुनगीदार छड़ी

लेकर उनके सारे कपड़े उतरवा कर ऊपर से नीचे तक सड़ासड़-सड़ासड़···

(रुक कर)

लगता है, आपको यक़ीन नहीं आ रहा···खैर, आप भी क्या कहेंगे ! लीजिये, मुलाहिज़ा फर्माइये, पेश है नमूना नम्बर-एक···

(ताली बजाता है। एक मोटा थुल-थुल सेठ गिरता-पड़ता हाँफता आता है। उसके हाथ में एक बड़ा-सा ब्रीफकेस है।)

सेठ : महाराज···स्वामी···मन्ने बैराग्य है गयो है···कृपा करो स्वामी, अपनो चेला बनाय लेओ। जामे म्हारी सारी जिन्दगी भर की कमाई है सबरी ले लेओ··· मगर थोड़ी कृपा कर देओ···!

(दर्शक के चरणों पर ब्रीफकेस रख देता है।)

दर्शक : **(दर्शकों से)** अभी साला सट्टे का नम्बर पूछेगा **(सेठ से)** अबे भड़भूजे की औलाद, अपना यह डिब्बा उधर **(चौकी की ओर इशारा करता है)** फेंक दे। पाप की कमाई मैं नहीं छूता। सीधे मतलब की बात बोल जल्दी से।

सेठ : **(संकोचपूर्वक)** स्वामी जी म्हारा नम्बर···?

दर्शक : अबे सटोरिये, तूने समझ क्या रखा है ! क्या मैं तुझे सट्टे के नम्बर बताने वाला स्वामी लगता हूँ ?

सेठ : **(चरण पकड़ कर गिड़गिड़ाते हुए)** स्वामीजी कृपा !··· मैं थारी चिड़िया तू म्हारो बाज···। ऐसो भंडारा कराऊँगो कि सारी दुनियाँ याद रखेगी···महाराज ! सोने-चाँदी में तौल दूंगो···महाराज-स्वामी कुँवारी कन्यायें भेज दूंगो।

(दर्शक उसकी गर्दन दबोच लेता है।)

दर्शक : **क्या बकता है बे ?**

सेठ : म···म···महाराज म्हारो मतलब है कुँवारी कन्या जिमाऊँगो···!

दर्शक : साले तीन-पाँच करता है ! चल भाग यहाँ से, चार सौ बीस कहीं का ।

(ज़ोर से ढकेल देता है । वह लुढ़कता-पुढ़कता दूर चला जाता है । किसी तरह से उठता है तो अपनी पगड़ी सम्हालते हुए उँगलियों पर हिसाब गिनने लगता है ।)

सेठ : ···तीन···पाँच···आठ···आठ···चार सौ बीस···चार ···चार···दो···सुन्न···चार···दो···!

(एकायक खुशी से चिल्ला पड़ता है ।)

मिल गयो···मिल गयो·· धन्य है···महाराज स्वामी —सोने-चाँदी से तुलवा दुंगो···कुँवारी कन्या···।

दर्शक : **(भड़क कर)** दूर ही रहना, वरना वो लात जमाऊँगा ···कि साले तेरे प्राण निकल जायेंगे ।

(मगर वह मानता नहीं, उसके पास जाकर पीठ करके खड़ा हो जाता है और आगे झुक जाता है ।)

सेठ : **(गिड़गिड़ाता है)** आशीर्वाद···आशीर्वाद दो महाराज··· स्वामी जी···!

दर्शक : **(गुस्से से तिलमिला कर)** साले नहीं मानता तो ले···

(पीछे से उसकी कमर पर ज़ोर से एक लात जमाता है । वह मुंह के बल जा गिरता है । खुशी-खुशी उठता है ।)

सेठ : धन्य है महाराज···मैं तरि गयो स्वामी···तरि गयो··· तीन···पाँच···आठ···चार···दो···शून्य···मिल गयो··· मिल गयो···।

(हिसाब लगाता, खुशी से झूमता निकल जाता

है। दर्शक छुटकारे की साँस अभी ठीक से ले भी नहीं पाता····कि एक नेताजी अपने चमचे के साथ आते हैं।)

चमचा : (**नेता से फुसफुसाते हुए**) यहीं हैं हुजूर···बहुत पहुँचे हुए हैं···अब देर न करिये···।

नेता : (**दर्शक को गौर से देखते हुए**) हूँऽऽ···।

चमचा : हूँ-हूँ न करिये सरकार, यही मौका है···अगर ध्यान में डूब गये तो कितनी देर बाद आँखें खोलेंगे, कुछ नहीं कहा जा सकता।

नेता : ठीक है····मगर कहीं नाराज़ न हो जायें।

चमचा : फिर तो आपकी किस्मत चमक जायेगी सरकार स्वामी जी की नाराज़गी का मतलब ही आशीर्वाद है। यह जान लीजिये···जितनी जल्दी आप उन्हें नाराज़ करेंगे उतनी ही जल्दी काम होगा।···अब जाइये भी!

(नेता को स्वामी की ओर ढकेल देता है। वह साष्टांग दंडवत करते हुए लपक कर दर्शक के चरण पकड़ लेता है। चमचा तनिक हट कर हाथ जोड़े खड़ा रहता है।)

दर्शक : अबे क्या हुआ? क्यों कटे दरख्त की तरह ढेर हो गये?

चमचा : सरकार भूतपूर्व मन्त्री हैं, स्वामी जी!

दर्शक : अबे चिड़ी के, सरकार चाहे मन्त्री हों या खानसामा, मुझे क्या लेना-देना?

चमचा : स्वामी जी, सरकार आपकी गऊ हैं।

दर्शक : गऊ हैं तो साले बाड़े में बाँधो···यहाँ क्या लेने आये हो?

नेता : स्वामी जी, मेरी सरकार गिर गयी।

(दर्शक उसकी छाती पर एक लात मारता है।)

दर्शक : अबे तो क्या मैं अब तुम्हारी सरकार उठाने जाऊँगा?

नेता : स्वामी जी ! आप सर्वशक्तिमान, आप चाहें तो सब कुछ हो सकता है ।

दर्शक : अबे अकल के दुश्मन ! सरकार उठाना-गिराना भी क्या गाय का गोबर बीनना है ? या कोई गर्भाधान की प्रक्रिया है कि जब चाहा गर्भ धारण करा दिया और जब चाहा गर्भ गिरा दिया····अब हरामज़ादो कुछ तो तरस खाओ मुल्क पर । सारा मुल्क बेजान हो गया है····लाश की तरह लुढ़क गया है और तुम साले कुत्तो, लाश के साथ भी बलात्कार करने से बाज़ नहीं आते···!

नेता : (**रिरियाता है**) स्वामी जी, बस एक मौका !

(दर्शक के चरणों पर गिरने लगता है । दर्शक फिर ज़ोर से उसके सीने पर लात जमाता है ।)

दर्शक : (**क्रोध से**) अबे दफ़ा हो जाओ, वरना जूते मार-मार कर तुम्हारा सिर पिचका दूँगा ।

चमचा : (**फुसफुसा कर हिम्मत बँधाता है**) सरकार, पीछे रहिये, स्वामी जी को क्रोध आ गया है··अब कृपा होने ही वाली है····

नेता : स्वामी जी बस एक आखरी मौका····आप बेशक जूते मारिये··मार-मार कर कलाबत्तू बना दीजिये····जान निकाल दीजिये···लेकिन··

(दर्शक दोनों हाथों से सिर थाम कर बैठ जाता है ।)

चमचा : सरकार हुजूर··स्वामी जी पिघल रहे हैं, हिम्मत न हारिये··!

दर्शक : (**सीधे दर्शकों से**) बताइये जनाब ! है कोई इलाज !

नेता : स्वामी जी··त्राहिमाम··त्राहिमाम !

(दर्शक के चरण फिर हिम्मत करके पकड़ लेता है ।

दर्शक उसके बाल पकड़ कर झटके से उसका सर उठाता है ।)

दर्शक : **(गुस्से से दांत किटकिटाते हुए)** अबे तेरे बाप हैं ?

चमचा : **(जल्दी से)** स्वामी जी, एक-दो नहीं सरकार के दर्जनों बाप हैं । मन्त्री-पद के लिए जब नाम प्रपोज़ करने का वक्त होता है तो सब काम आते हैं···।

दर्शक : तुम चुप रहो बे साले भड़ुए ! (नेता का सिर हिलाते हुए) हाँ बे तुम बोलो ?

नेता : **(कराहते हुए)** मेरा असली बाप तो बहुत पहले मर गया था लेकिन माँ अभी जिन्दा है ।

दर्शक : असली है ?

नेता : हाँ, स्वामी जी !

दर्शक : तो ठीक है । तुम्हारी गिरी हुई सरकार उठेगी···

नेता : **(घिघिया कर)** आपकी कृपा चाहिए, स्वामी जी !

दर्शक : जैसा मैं कहूँगा, करोगे ?

नेता : हाँ···स्वामी जी ! सिर के बल उल्टा खड़ा होकर करूँगा···।

(दर्शक उसके मुँह पर उल्टा हाथ जमाता है ।)

दर्शक : अबे उल्लू के चरखे ! जितना पूछा जाये उतने का ही जवाब दो, फालतू बात नहीं, समझे···

नेता : समझ गया, स्वामी जी !

दर्शक : तो सुन, पहले अपनी माँ के साथ सम्भोग कर, फिर उसके बदन के सारे रोयें उखाड़ कर अपने चुनाव-क्षेत्र के हर तीन वर्गमीटर में एक-एक रोंया गाड़ दो···तीन-तीन हाथ-अन्दर···समझे ?

नेता : **(जल्दी से)** समझ गया, स्वामी जी !

दर्शक : एक साल-छै महीने बाद तुम्हारी गिरी हुई सरकार फिर से अँगूठा चूसती हुई उठ खड़ी होगी—अब भागो यहाँ से···!

(झटके से एक ओर ढकेल देता है।
चमचा उसे सम्हालता है।)

चमचा : हुजूर, हो गया काम···स्वामी जी ने जैसा कहा है वैसा ही करियेगा···डेढ़ साल के अन्दर सरकार मन्त्री··· तो क्या मुख्यमन्त्री हो जायेंगे···!

(सहारा देकर नेता को ले चलता है। नेता कराहता-लँगड़ाता जाता है।
दर्शक फिर छुटकारे की साँस लेना चाहता है किन्तु फिर रुक जाता है और सीधे दर्शकों को सम्बोधित करता है।)

दर्शक : **(दर्शकों से)** क्या ख्याल है ? दो काफी थे या और भी पेश करूँ···चलिये आप भी क्या कहेंगे, यह लीजिये पेशे ख़िदमत है···रंगारंग कार्यक्रम···!

(चुटकी बजाता जाता है और एक-एक करके विभिन्न चरित्र गिरते-पड़ते, चीख़ते चिल्लाते आते-जाते हैं। दर्शक आँखें मूँदे धीर-गम्भीर मुद्रा में बैठा रहता है। हाँ, बीच-बीच में एक-आँख खोलकर देख भी लेता है।)

चरित्र-१ : स्वामी जी, मेरा तबदला होगया।

चरित्र-२ : स्वामी जी, मेरी सास बहुत तंग करती है।

चरित्र-३ : स्वामी जी, मेरा मुक़दमा ?

चरित्र-४ : स्वामी जी, मेरे पेट में गैस का गोला उठता है।

चरित्र-५ : स्वामी जी, मेरा लड़का बिस्तर पे पेशाब कर देता है।

चरित्र-६ : स्वामी जी, मेरी मंगेतर रूठ गयी।

चरित्र-७ : स्वामी जी, मुझे प्रेतबाधा है।

चरित्र-८ : स्वामी जी, मैं कब तक कुंवारी रहूँगी ?

दर्शक : **(दर्शकों से)** जब तक किसी की किस्मत फूट नहीं जायेगी।

चरित्र-१ : स्वामी जी, कोई चमत्कार दिखाइये ।

चरित्र-२ : मोटापे का इलाज बताइये ।

चरित्र-३ : मेरी लड़की भाग गयी, स्वामी जी !

चरित्र-४ : विरोधियों को नष्ट करिये ।

चरित्र-५ : मेरे लड़के को नौकरी दिलाइये ।

चरित्र-६ : वशीकरण मन्त्र बताइये

चरित्र-७ : फसल नष्ट होने से बचाइये ।

चरित्र-८ : मुँहासे कैसे दूर हों ?

दर्शक : **(दर्शकों से)** खौलती कढ़ाई में मुँह डाल दो । साले ऐसे चिचिया रहे हैं जैसे मैं कोई रामबाण औषधि हूँ या हकीम लुकमान···(**चरित्रों से**) अबे मच्छरो ! क्या दुनिया के सारे मर्जों का इलाज मेरे ही पास है ? अगर ऐसा है तो मुझे प्राइममिनिस्टर क्यों नहीं बना देते ? दो लातें जमाऊँगा, सारे मुल्क की नब्ज़ ठीक हो जायेगी···!

(सभी चिल्लाते हैं ।)

सभी : **(एक साथ)** स्वामी जी, संकट···घोर संकट···रक्षा करो···शरण दो···शरण दो···!

(दर्शक के आगे धरती पर लोटने लगते हैं ।)

दर्शक : **(दर्शकों से)** अगर इन सालों को मालूम पड़ जाये कि मैं स्वामी नहीं एक-चोर, उचक्का और···खूनी हूँ···तो यही लोग मेरी क्या दुर्गति बनायेंगे···ज़रा··· इसकी भी कल्पना कर लें, दोस्तो । **(भीड़ से)** अबे उठो···केंचुओं की तरह मत रेंगो !

(भीड़ उठने का नाम ही नहीं लेती ।)

भीड़ : **(एक स्वर में)** स्वामी जी···कृपा···कृपा करो···!

दर्शक : **(दर्शकों से)** कुसूर इन बेचारों का नहीं है इस मुल्क को संस्कारों से ही पेचिश का कुछ ऐसा रोग लगा है

जिसका इलाज स्वामियों और महात्माओं के मुँह से निकली लीद में ही होता है ।

(भीड़ से) भक्तजनो ! आज मानवता जिस प्रकार वायुविकारों, तबादलों, सास-बहू के झगड़ों, सरकार के गिरने और उठने, मंगेतरों के रूठने, विरोधियों के उपद्रव, सत्ताधारियों के परस्पर झगड़ों, मोटापे, वशीकरण मन्त्र की जिज्ञासाओं, मुक़दमों, कुँवारेपन और मुँहासों की समस्याओं तथा कष्टों से जूझ रही है उसे जान कर मेरे हृदय में दुःख और पीड़ा के अगाध समुन्दर लहरा उठे हैं...मेरा मन फूट-फूट कर रोने को कर रहा है...लेकिन मैं रोऊँगा नहीं, क्योंकि अगर रोने मात्र से ही समस्याओं का समाधान मिल जाता तो आज महिलाएँ सबसे अधिक सुखी होतीं...।

(उत्तरीय से अपनी आँखें और नाक साफ करता है ।)

भक्तजनो ! वैसे तो इन दुरूह और जटिल समस्याओं का इलाज साक्षात् परमपिता परमेश्वर भी नहीं बता सकते...पर एक छोटा-सा एक्सपेरीमेन्ट करने में क्या हर्ज है ? आप सभी अपने-अपने सिर के बल खड़े हो जाइये...माने शीर्षासन करिये...आप भी करिये, अपने इष्टमित्रों को भी सलाह दीजिये...और मेरा तो विचार है कि सारे मुल्क को ही उल्टा खड़ा हो जाना चाहिए...सिर नीचे और पैर ऊपर, ताकि मुसीबतों का पहाड़ जब-जब टूटे, कम से कम सिर तो बच जावे, टाँगें तो साली इस मुल्क की पहले ही से टूटी हैं । हाँ तो भक्तजनो चलो, चालू हो जाओ...!

सभी : (एक स्वर में) मानवता के पीड़ाहारी स्वामी उच्चकानन्द की जय !

(सभी जय-जयकार करते हुए सिर के बल खड़े होने क... करते हैं।
दर्शक पास वा... । कमर पर लात मारता है। वह अगल-बगल के एक-दो लोगों को और लिये-दिये ज़मीन पर उलट जाता है।)

अबे चमगादड़ो ! यह एक्सपेरीमेन्ट किसी स्टेडियम में करो जाकर। यहाँ मेरी छाती पर नहीं। चलो, भागो, उठो ''उठो'''!

(सभी गिरते-पड़ते भाग लेते हैं।
वह वस्त्र के अन्दर से ठर्रे की बोतल निकालकर मुँह से लगता है और गटागट गटागट कई, घूँट एक साथ पीकर उत्तरीय से मुँह पोंछता है; फिर बोतल वस्त्र के अन्दर छुपा लेता है और मस्ती से चलता हुआ आसन की ओर बढ़ता है। उसके साथ ही प्रकाश सिमटता हुआ आसन पर ही सीमित रह जाता है। वह आसन पर बैठना ही चाहता है कि स्वामी दिव्यानन्द का अट्टहास सुनाई देता है। वह चौंककर बैठते-बैठते रुक जाता है। अट्टहास फिर होता है।
वह भयभीत-सा दिखाई देने लगता है। फिर भी वह ऊपर से निडर बनने का प्रयत्न करता

दर्शक : कौन ... !

आवाज़ : (व्यंग्य से) रहे न वही चोर के चोर'''उचक्के''' ख़ूनी'''।

(व्यंगात्सक हँसी सुनायी देती है।)

दर्शक : कोई नयी बात नहीं कही। मुझे मालूम है, मैं क्या

हूँ ! अब जरा सामने आ जाओ, बेटा ! ज़रा तुम्हें भी देख लूँ, तुम क्या हो···?

आवाज़ : **(मन्द अट्टहास के साथ)** देखना चाहते हो तो देख लो । मैं तुम्हारे सामने हूँ किन्तु तुम मुझे इतनी जल्दी भूल जाओगे, यह मुझे नहीं मालूम था···ज़रा अपने हाथों की ओर देखो···तुम्हारे हाथ अभी तक मैले हैं । ईंट-मिट्टी, गारा और सीमेन्ट—कितने मिल-जुल गये हैं सारे रंग···किसकिसा स्वाद···तीखी और सोंधी महक···।

(व्यंग्यात्मक हँसी हँसता है । दर्शक जल्दी से वस्त्र के अन्दर से ठर्रे की बोतल निकाल कर घटाघट सारी दारु पी जाता है और बोतल एक ओर उछाल कर मुँह पोंछता है ।)

दर्शक : देखो बेटा, तुम जो भी हो, यह नाटकबाज़ी बन्द करके सामने आ जाओ···मैं बहुत हरामी हूँ···यह बात जान लो ।

आवाज़ : **(पुनः व्यंग्यात्मक हँसी)** मुझसे ज्यादा अच्छा, भला यह कौन जान सकता है, वत्स !

दर्शक : **(भय और आश्चर्य-मिश्रित)** स्वामी दिव्यानन्द !

(मन्द अट्टहास के साथ मंच के एक अँधेरे कोने में स्वामी दिव्यानन्द की अस्पष्ट-सी आकृति उभर आती है ।)

स्वामी : (व्यंगपूर्वक) क्यों, विश्वास नहीं होता ?

दर्शक : **(जैसे सिहर जाता है)** लेकिन तुम !

स्वामी : मैं तुम्हारे सामने हूँ ! यह भी उतना ही सच है, जितना कि तुमने मुझे···।

दर्शक : **(भय से)** मैंने तुम्हें ?

स्वामी **(मन्द अट्हास के साथ)** अभिनय नहीं, वत्स ! जानबूझ

कर अनजान मत बनो ··धरती के गर्भ में आठ फुट नीचे···प्राणायाम की मुद्रा में—ध्यान की पहली अवस्था···दूसरी अवस्था···तीसरी अवस्था···और फिर···शून्य···आनन्द···परमआनन्द···विलक्षण अनुभूति···शरीर कहीं नीचे बहुत नीचे छूट चुका है और मेरा मैं खिचा चला जा रहा है—उस शीतल-सुखद··· ज्योतिर्मय पिंड की ओर—जिसकी कल्पना तो की जा सकती है···अभिव्यक्ति नहीं···और तभी···जैसे किसी ने बीच में ही धागा तोड़ दिया हो—इस तरह मेरा मैं, शरीर से छिटक जाता है—पोली मिट्टी कुट रही है···भद्द-भद्द की आवाज़ें···कंकड़, रोड़ी···ईंटें···गारे की जुड़ाई···सीमेन्ट का प्लास्टर···और एक पक्का अभेद्य फर्श···मैं, न ऊपर जा पाता है न नीचे। मैं, अधर में लटक जाता है—मैं भटक जाता है—मैं छटपटा उठता है—और अब छटपटाहट, घुटन और अँधेरे के विकट कुंड में जलता हुआ मेरा मैं तुमसे सवाल करता है—तुमने ऐसा क्यों किया ?···क्यों किया तुमने ऐसा ? मेरे मैं में कोई पाप नहीं था, छल नहीं था—कायर नहीं था···फिर भी तुमने मेरे शरीर को सड़ने और आत्मा को भटकने के लिए छोड़ दिया···तुमने···तुमने···हत्या की। मेरी हत्या, दिव्यानन्द की हत्या की···उसकी आस्था की हत्या की···स्वामी की···उसके विश्वास की हत्या की !

दर्शक : नहीं···नहीं यह ग़लत है···झूठ···है···किसी की हत्या नहीं की— मैंने कुछ नहीं किया।

स्वामी : कुछ नहीं किया ? कितना आसान है ये कहना। लेकिन उनसे पूछो जिन्होंने तुम्हारा नर्क भोगा। तुम्हारे स्वार्थों की हविश जिन्हें निगल गयी। कितने लोगों

को तुमने छला होगा, धोखा दिया होगा। छल, कपट, प्रपंच ! किसी की चोरी की, किसी का डाका डाला, ओर इन सबसे बढ़कर ख़ून…हत्या…एक जीते-जागते इन्सान की हत्या—किसी के सीने में छुरा उतार कर और किसी को ज़िन्दा ज़मीन में दफ़न कर…

दर्शक : (**चीखकर**) एई…भाग जाओ…फौरन भाग जाओ यहाँ से…वरना मैं सचमुच ख़ूनकर दूँगा।

स्वामी : (**व्यंग्य से**) क्यों, एक बार मारकर सन्तोष नहीं हुआ ? आदमी बार-बार नहीं, एक बार मारता है—सिर्फ एक बार !

दर्शक : तुम मुझे फ्रॉड लगते हो। तुम स्वामी दिव्यानन्द नहीं हो। यह पुलिस का कोई तमाशा है—ढोंग है जो मुझसे…।

स्वामी : जो तुमसे ?

दर्शक : जो मुझसे अपराध कबूल करवाना चाहती है।

स्वामी : (**व्यंग्य से हँसता है**)

(…और हँसते हुए उसके नज़दीक बढ़ता जाता है वह भय से सिमटता जाता है। नज़दीक जाकर उसकी आँखों में आँखें डाल देता है।)

स्वामी : ज़रा मेरी आँखों की गहराइयों में झाँक कर देखो और फिर से वही कहो जो तुमने अभी कहा !

दर्शक : (**भयभीत-सा उसे देखता है।**)

स्वामी : चुप क्यों हो…? क्या मैं तुम्हें फ्रॉड लगता हूँ ?… पुलिस का तमाशा लगता हूँ ?…ढोंग लगता हूँ ?… क्या मैं तुम्हें स्वामी दिव्यानन्द नहीं लगता हूँ ?

दर्शक : लेकिन तुम तो समाधि में…

स्वामी : हाँ, मैं समाधि में था – पन्द्रह दिन के लिए…मैंने तुमसे कहा था। मेरा आसन तुम सम्हालो…भक्तों

की जिज्ञासा शान्त करो···और जो भी चढ़ावे का सामान हो वह पहले की तरह ही अपने पास रखो·· लेकिन तुमने···कच्ची समाधि को ईंट रोड़ी, पत्थर से चुनवाकर एक पक्के फर्श में बदल दिया···सीमेन्ट के पक्के फर्श में, ताकि मैं निकल न सकूँ···अन्दर-अन्दर ही अन्दर छटपटा कर घुटकर मर जाऊँ और तुम हमेशा के लिए आसन पर कब्ज़ा कर लो, स्वामी उच्चकानन्द के नाम से लोगों को ठगते रहो—लूटते रहो !

दर्शक : शायद तुम ठीक कहते हो !

स्वामी : ठीक नहीं—सच कह रहा हूँ—मेरे आसन पर बैठकर तुमने अपने आप को सुरक्षित महसूस किया— तुमने सोचा कि इस तरह शायद तुम दुनिया की नज़रों से पुलिस के शिकंजे से बच सको—

दर्शक : हाँ-हाँ बिलकुल यही बात थी।

स्वामी : पर क्या समझते हो इस तरह तुम बच जाओगे ? नहीं ···कभी नहीं, पाप एक दिन तुम्हारे सिर पर चढ़कर बोलेगा—पाप तुम्हें चैन नहीं लेने देगा, पाप तुम्हें जीने नहीं देगा···तुम प्रायश्चित करना चाहोगे— पाप तुम्हें करने नहीं देगा···तुम बार-बार झाग की तरह उफनकर बाहर आना चाहोगे···लेकिन तुम्हारा पाप तुम्हें फिर से पाप के कुण्ड में ढकेल देगा··· तुम पाप में···

दर्शक : (**छटपटाहट से चीख पड़ता है**) बस-बस—बस करो, स्वामी दिव्यानन्द ! उबकाई आती है तुम्हारी बातों से। क्यों उलझाते हो मुझे पाप और पुण्य में ?···मैं किसी देवता की औलाद नहीं हूँ जो इस धरती पर धर्म और सत्य की स्थापना के लिए अवतार लेता है···मैं···मैं तो

खुद किसी का पाप हूँ—पाप का पिण्ड, पाप का लोंदा —हाड़-माँस का पुतला किसी कमीने की वासना और हविश का नतीजा—जिसे नौ महीने किसी कुँवारी माँ ने दुनिया की नज़रों से छुपाये रखने के बाद लोक-लाज के डर से एक गन्दे नाले में उड़ेल दिया था—मैं पाप नहीं करूँगा, तो क्या स्वर्ग से साले देवता उतर कर पाप करेंगे ? ज़रा उठाकर देखो अपने सारे धर्मग्रन्थ, एक भी देवता ऐसा नहीं मिलेगा जिसने देवता होकर भी पाप न किया हो - ब्रह्मा से लेकर इन्द्र तक हज़ारों देवता होंगे—माया-मोह छल-प्रपंच-स्वार्थ किसमें नहीं हैं ? कितनी बार ? कितनी बार उनकी वासना और हविश चुहचुहा कर कोढ़ बन कर फूटी, कौन नहीं जानता ?

स्वामी : तुम तर्क नहीं, कुतर्क कर रहे हो ।

दर्शक : मैं कुन्ती का कर्ण हूँ—जो सूर्य का पाप था—इसीलिए धर्म की लड़ाई में कर्ण पांडवों के साथ नहीं, कौरवों के साथ था—कौरव जो अधर्म के प्रतीक थे ।

स्वामी : तुम अपने कुतर्क का औचित्य सिद्ध करना चाहते हो ।

दर्शक : वह कोई और युग रहा होगा—ये कलियुग है और कलियुग में कुन्ती का कर्ण एक चोर, डाकू, उचक्का, खूनी या हत्यारा ही हो सकता है !

स्वामी : यह कहकर तुम बच नहीं सकते ।

दर्शक : तुम भी तो नहीं बच सकते । तुम तो धर्मावतार थे ? तुम्हें मैंने मारा एक पापी ने···मुझे कोई और मारेगा जो मुझे मारेगा, वह भी मरेगा—यह सिलसिला चलता रहेगा···कोई धर्म करके मरेगा, कोई अधर्म करके···कोई युद्ध में मरेगा, कोई महायुद्ध में, बाढ़, बीमारी, सूखा, अकाल···अमीरी-गरीबी-भुखमरी से ।

कोई राजनीति के प्रकोप से मरेगा ··कोई सामाजिक अन्याय से—जीना और मरना लगा रहेगा···सृष्टि बिगड़ेगी, बनेगी···पर सब कुछ ऐसे ही चलता रहेगा··· स्वामी दिव्यानन्द ! पाप और पुण्य सब बकवास है··· चोंचला है तुम्हारे जैसे स्वामियों-महात्माओं का और तुम्हारे बनाये हुये धर्मग्रन्थों का।

स्वामी : लेकिन जीवन का ध्येय···?

दर्शक : जीना !

स्वामी : और उद्देश्य ?

दर्शक : जियो—जैसे जी सको।

स्वामी : चाहे इसके लिए किसी का खून ही क्यों न करना पड़े ?

दर्शक : हाँ ! हर कोई ऐसे ही जीता है···।

स्वामी : यह गलत है !

दर्शक : यह सही हैं। कितनी झोपड़ियाँ तबाह होती हैं, तब एक इमारत खड़ी होती है। सैकड़ों-हज़ारों बेबस मजबूर-इन्सानों की आह को कुचल कर एक पूँजीपति बनता है। अपने इलाके का छँटा हुआ बदमाश गुण्डा एम०पी०,एम०एल०ए० से मिनिस्टर और चीफ मिनिस्टर तक बनता है। कितने नाम गिनाऊँ, स्वामी दिव्यानन्द ? जितने भी स्तम्भ हैं न ऊँचे-ऊँचे, जो साले हमारे चारों ओर एक शालीन मुस्कान लिए खड़े हैं, सभी के नीचे आँसुओं और कराहों की पीठ है।

स्वामी : तुम भी तो उन्हीं स्तम्भों में से ही एक हो ?

दर्शक : शायद···!

स्वामी : शायद क्यों ?

दर्शक : मेरी बात और है।

स्वामी : वे भी यही कह सकते हैं। अपनी परिस्थितियों, अपने

हौले का वास्ता भी दे सकते हैं।

दर्शक : दे सकते हैं।

स्वामी : फिर ?

दर्शक : **(चुप रहता है)**

स्वामी : अपने-आपको सही साबित करने के लिए हर एक के पास तर्क होता है, जिसके पास तर्क नहीं होता वह कुतर्क करता है। हर कोई यही समझता है कि उसके साथ सबसे ज्यादा अन्याय और अत्याचार हुआ है, उसके प्रतिकार स्वरूप वह भी वही सब करता है। एक झूठ दबाने के लिए दूसरा झूठ बोलता है। एक अपराध छिपाने के लिए दूसरा अपराध करता है··· फिर यह अन्तहीन सिलसिला शुरू हो जाता है। लेकिन मानवता इतनी तुच्छ नहीं है···जीवन का ध्येय-उद्देश्य सिर्फ इतना ही नहीं हो सकता···मरते सभी हैं लेकिन मरने-मरने में भी फर्क होता है, वत्स ! कोई मरने के बाद भी जिन्दा रहता है और जिन्दा रह कर मरा होता है। सभी अपने लिए जीते हैं, सभी अपने लिए मरते हैं---यह कभी दूसरों के लिए जी कर देखो, कभी दूसरों के लिए मर कर देखो···सारे अर्थ बदल जायेंगे···सारी परिभाषाएँ बदल जायेंगी···।

दर्शक : (**व्यंग्य से**) अर्थ···परिभाषाएँ···जीवन, मानवता··· तर्क कुतर्क···!

(ठहाका मारकर हँसता है।)

साला फिर वहीं उपदेश···कोरा उपदेश···स्वामी दिव्यानन्द, मर कर भी तुम्हारी बुद्धि सही नहीं हुई !

(लेकिन यह सब सुनने के लिए स्वामी दिव्यानन्द वहाँ नहीं है। वे अन्धकार में घुलकर अदृश्य हो चुके हैं। वह विक्षिप्तों-सा बकता जाता है।)

अरे दिव्यानन्द ! तुम्हारे जैसे लोगों की तो बार-बार हत्या करनी चाहिए···साला कोई अफ़सोस नहीं है तुम्हें मारकर···मैं उन उल्लुओं में से नहीं हूँ जिनकी नाक पकड़कर जिधर चाहे घुमा दो···उन गधों में से भी नहीं हूँ मैं जिनको रात समझा दो तो रात और दिन समझा दो तो दिन···मैं तो उच्चकानन्द हूँ··· जिनको बोलना हो बोलें···स्वामी उच्चकानन्द की—

(जय-जय कार करते हुए हाथ में फूल-मालाएँ लिए भक्तजनों की एक भीड़ पिल पड़ती है। देखते ही देखते दर्शक फूल-मालाओं से लद जाता है। वे उसे कन्धों पर उठा लेते हैं।)

एक भक्त : स्वामी उच्चकानन्द की—

सभी : जय !

एक भक्त : स्वामी उच्चाकनन्द की—

सभी : जय !

(दर्शक बौखला कर ऊलजलूल हरकतें करता है।)

दर्शक : अबे !···अबे क्या करते हो सालो···ये फूल-मालाएँ··· अबे··अबे··गधो ! मेरी गर्दन लटकी जा रही है।

एक भक्त : स्वामी उच्चकानन्द की—

सभी : जय !

दर्शक : अबे···अबे···नीचे उतारो···हटो सालो···क्यों मेरा जुलूस निकाल रहे हो···?

(उनके कन्धों से कूद मंच के चारों ओर भागता है। भीड़ भी जय-जयकार करते हुए उसके हो चारों भागती है, वह दौड़ कर आसँन पर खड़ा हो जाता है।)

दर्शक : अरे, कुछ तो बोलो कम्बख्तो···क्यों पेट में मरोड़े उठ

रही हैं, अबे इन मालाओं में जितने पैसे खर्च किये हैं उतने में तो एक आदमी...सात दिन रोटी खाता...!

एक भक्त : धन्य है, धन्य है...स्वामी उच्चकानन्द की—

दर्शक : अबे चोप ! साले भेड़ियाधसान कान फूट गये...कुछ बोलोगे भी या...ऐसे ही मिमियाते रहोगे ? क्या तकलीफ है ? क्यों मरने चले आये ?

(विभिन्न चरित्र खुशी से फूले न समाते हुए एक-एक कर बोलने लगते हैं।)

चरित्र-१ : स्वामी जी, मेरा तबादला रुक गया।

दर्शक : बहुत अच्छे।

चरित्र-२ : स्वामी जी, मेरी सास मर गयी।

दर्शक : बहुत खूब।

चरित्र-३ : स्वामी जी, मैं मुक़दमा जीत गया।

दर्शक : वाह बेटा !

चरित्र-४ : स्वामी जी, गैस का गोला अब नहीं उठता।

चरित्र-५ : स्वामी जी, अब वह पेशाब नहीं करता।

चरित्र-६ : स्वामी जी, मँगेतर मान गयी।

चरित्र-७ : स्वामी जी, प्रेत अब नहीं सताते।

चरित्र-८ : स्वामी जी, मुँहासे ठीक हो रहे हैं।

दर्शक : यानी कि सबकी तकलीफें दूर हो गयीं...मगर सालो, यह तो बताओ रातों-रात यह चमत्कार हुआ कैसे ? अलादीन का चिराग मिल गया या हकीम लुकमान का नुस्खा ?

सभी : (**एक स्वर में**) स्वामी जी, आपकी कृपा !

दर्शक : (**व्यंग्य से**) वाह ! वाह-वाह ! माने कि खूब बहुत खूब अबे तुम लोगों ने किया क्या, यह तो बताओ...!

सभी : (**एक स्वर में**) शीर्षासन।

दर्शक : (**दर्शकों से**) देखा उल्लू के पट्ठों को। (**भक्तों से**)

अबे इसका मतलब है हमारा काम खत्म हो गया…
(चौथे चरित्र से) अबे ए, इधर आओ !

(वह बेचारा डरता-सहमता पास जाता है।)

दर्शक : तुम्हारे ही पेट में गैस का गोला उठता था ?

चरित्र-४ : हाँ, स्वामी जी !

दर्शक : फिर ठीक है, तुमसे ज्यादा सही आदमी दूसरा नहीं हो सकता।

(अपनी पीली धोती उतार कर उसके जैसे-तैसे लपेट देता है।)

चरित्र-४ : स्वामी जी ये…ये आप क्या कर रहे हैं ?

दर्शक : बोलो मत बच्चा…मौन ! मौन धारण करो…वरना अब अगर गैस का गोला उठा तो वह सीधे तुम्हारे मस्तिष्क में पहुँच जायेगा और मस्तिष्क में पहुँच गया तो…तुम्हारा मस्तिष्क किसी गुब्बारे की तरह भड़ाक बोल जायेगा !

(अपना पीला चोंगा उसे पहनाता है…उसके कन्धों पर अपना उत्तरीय डाल देता है, फिर सारी मालाएँ अपने गले से उतार कर उसे पहना देता है। सभी हक्के-बक्के-से मुँह बाये देख रहे हैं। दर्शक अपने पहले वेश में दिखायी देता है।)

दर्शक : (भक्तों से) तालियाँ…! अरे मूर्खो, तालियाँ !

(किसी को कुछ समझ में नहीं आता। वह फिर चिल्लाता है।)

दर्शक : अबे मुँह बाये क्या देख रहे हो ?…तालियाँ बजाओ …तालियाँ !

(तड़-तड़-तड़-तड़…तालियाँ बज उठती हैं।)

दर्शक : अब बोलो—जय। स्वामी लोलपिनचन्द की—

(जैसे किसी सम्मोहन में बँधे हों, ऐसे सभी जय-जयकार कर उठते हैं।)

सभी : जय !

दर्शक : स्वामी लोलपिनचन्द की—

सभी : जय !

(उसे आसन पर बैठा देता है।)

दर्शक : यही परम्परा है। पहले स्वामी दिव्यानन्द, फिर स्वामी उच्चकानन्द और अब स्वामी लोलपिनचन्द। भक्तजनो ! यह गौरवमयी परम्परा आप लोग सदैव बनाये रहेंगे, इस विश्वास के साथ···बोलो स्वामी-परम्परा की—

सभी : जय !

दर्शक : बोलो स्वामी दिव्यानन्द की—

सभी : जय !

(दर्शक अपने स्थान से खिसकता हुआ···धीरे-धीरे भक्तों की भीड़ में सबसे पीछे पहुँच जाता है। बाकी सब जैसे-तैसे भाव-विह्वल से किसी वशीकरण मंत्र में बँधे···अपने-अपने स्थान पर ही स्थिर हैं।)

दर्शक : बोलो स्वामी उच्चकानन्द की—

सभी : जय !

दर्शक : बोलो स्वामी लोलपिनचन्द की—

सभी : जय !

दर्शक : बोलो स्वामी लोलपिनचन्द की—

सभी : जय !

दर्शक : बोलो लोलपिनचन्द की—

सभी : जय !

(पुलिस आफ़िसर दोनों हाथों में पिस्तौल थामे

तेज़ी से अन्दर आता है ।)

पुलिस आफिसर : खबरदार ! कोई भी अपनी जगह से हिले नहीं··· स्वामी दिव्यानन्द गिरफ़्तार कर लिए गये हैं···।

दर्शक : (**कृत्रिम आश्चर्य से**) यह आप क्या कह रहे हैं ? स्वामी दिव्यानन्द तो समाधि में थे···!

पुलिस आफिसर : (**व्यंग्य से**) आप लोगों की नज़रों में । मगर फिलहाल वह जेल के सीखचों के अन्दर हैं···।

दर्शक : यह···यह कैसे हो सकता है ?

(भीड़ में भी कानाफूसी होती है ।)

पुलिस आफिसर : स्वामी दिव्यानन्द पर चौदह डकैतियों, सात हत्याओं, तीन बलात्कारों और अनेक भोली-भाली युवतियों को बहका-फुसला कर उनका जीवन बर्बाद करने के गम्भीर इल्ज़ाम हैं । काफी अरसे से पुलिस उनकी तलाश में थी···जब उसे पुलिस की सरगर्मियों का पता चला तो वह समाधि में जाने का ढोंग रच कर भाग निकला···मगर आख़िरकार वह पकड़ लिया गया···

(आसन पर बैठे स्वामी के वेश से लदे व्यक्ति की ओर संकेत कर···)

स्वामी उच्चकानन्द यही है ?

दर्शक : (**जल्दी से**) नहीं-नहीं, यह तो स्वामी लोलपिनचन्द हैं···बहुत पहुँचे हुए हैं । मौन धारण कर रखा है इन्होंने ।

पुलिस आफिसर : (**सख्ती से**) स्वामी उच्चकानन्द कहाँ हैं ?

दर्शक : वह···वह तो चले गये !

पुलिस आफिसर : कहाँ चले गये ?

दर्शक : तपस्या···तपस्या करने···हिमालय की कन्दराओं में···।

पुलिस आफिसर : क्या बकते हो ?

दर्शक : पूछिये···पूछिये···इन लोगों से भी पूछ लीजिए ।

(पुलिस आफिसर उसे घूरता हुआ भीड़ में अलग-अलग लोगों से उच्चकानन्द के बारे में पूछता है। सब दर्शक वाला जवाब ही दोहरा देते हैं यानी—"वह तपस्या करने गये हैं··· हिमालय की कन्दराओं में।" पुलिस आफिसर दाँत पीसकर रह जाता है।)

पुलिस आफिसर : ओह ! भाग गया बदमाश···मगर कब तक ··गोगे बच्चू···जब गुरु हाथ में आ गया तो···चेला भी आयेगा किसी-न-किसी दिन···एई···हिलो मत···खैर कोई बात नहीं, हम इस स्वामी को···क्या नाम बताया था इसका ?

दर्शक : **(जल्दी से)** स्वामी लोलपिनचन्द।

पुलिस आफिसर : हाँ···हाँ यही···इसी को पकड़ कर ले जाते हैं थाने··· मार पड़ेगी तो···साला सब कबूल देगा···

दर्शक : **(दर्शकों से)** यह है एक नमूना हमारी कर्तव्यपरायण पुलिस का ! **(आफिसर से)** मगर यह तो अन्याय है— अधर्म है।

पुलिस आफिसर : **(तैश में)** ऐसी की तैसी अधर्म की ! यह हमारी ड्यूटी है।

(आसन की ओर बढ़ता है।)

दर्शक : **(दर्शकों से)** जनाब अब हमारी ड्यूटी भी देखिये··· **(भीड़ से)** अरे डूब मरना चाहिए तुम लोगों को चुल्लू भर पानी में—कहाँ गया तुम्हारा धर्म ? जिसका दिन-रात जाप करते हो। यह अधर्मी पुलिस वाला इतने बड़े महात्मा को थाने ले जाना चाहता है—तुम लोगों के होते हुए ? अरे कसम है तुम्हें गंगा की, कसम है तुम्हें जमुना की, तुम्हारे जनेऊ और चोटी की···

(भीड़ में रोष की लहर दौड़ जाती है।)

देखिये पुलिस इन्सपेक्टर साहब, आप अपना निकम्मा-पन इस तरह से साबित नहीं कर सकते। अगर आपने स्वामी लोलपिनचन्द को, जिन्होंने मौन धारण कर रखा है, हाथ भी लगाया तो यहाँ खून की नदियाँ बह जायेंगी…

भीड़ : **(चिल्लाती है)** हाँ, हाँ, नदियाँ बह जायेंगी।

दर्शक : लाशें गिर जायेंगी।

भीड़ : लाशें गिर जायेंगी।

दर्शक : धर्मयुद्ध हो जायेगा—धर्मयुद्ध।

भीड़ : **(चिल्लाती है)** धर्मयुद्ध…मारो…साले को !

(भीड़ पुलिस आफिसर की ओर ऐसे दौड़ पड़ती है, जैसे कच्चा खा जायेगी।)

भीड़ : मारो…मारो !

दर्शक : **(चीख पड़ता है।)** ठहरो !…अरे सुनो तो…सुनो तो भाइयो…बहनो…!

(पर कोई रुकता नहीं है, कोई सुनता नहीं। सब जाकर पुलिस आफ़िसर…को खींचते-घसीटते, मारते-पीटते मंच के बाहर ढकेल आते हैं। आसन पर पीले वस्त्रों और मालाओं से लदा स्वामी लोलपिनचन्द भय से पीला पड़ा…थर-थर काँप रहा है, उसके होंठ जैसे किसी ने सी दिये हों। दर्शक मुस्कराता हुआ दर्शकों की ओर बढ़ आता है।)

दर्शक : **(दर्शकों से)** अब आरती होगी…!

(भक्तजन आरती प्रारम्भ कर देते हैं। ऐसे जैसे कुछ हुआ ही नहीं…आसन वाला व्यक्ति किंकर्तव्यविमूढ़-सा है।)

भीड़ : **(आरती गाती है।)**

जय-जय लोलपिनचन्द स्वामी जय-जय लोलपिनचन्द
ध्यान सोच में डूबे स्वामी, कैसा परमानन्द···
पाप है क्या और पुण्य है क्या
कुछ समझत नाहीं बने स्वामी
जय-जय लोलपिनचन्द···स्वामी जय-जय लोलपिनचन्द
ध्यान सोच में डूबे स्वामी, कैसा परमानन्द !

(मंच का प्रकाश क्रमशः विलीन होने लगता है। दर्शक आहिस्ते-आहिस्ते···मंच के नीचे अपने पहले स्थान पर आ जाता है। मंच पर सम्पूर्ण अन्धकार छा चुका है, सिर्फ आरती के स्वर गूंज रहे हैं और दर्शक पर प्रकाश की क्षीण किरण है।)

दर्शक : (दर्शकों से) उठिये-उठिये···खेल खत्म हो चुका···बाहर पुलिस मुझे पकड़ने के लिए बेचैन होगी···आप लोगों की भीड़ में घुल-मिल जाऊँगा···तो वह मुझे पहचान नहीं सकेगी···मैं कौन हूँ और क्या हूँ, यह जानने के चक्कर में मत पड़िये···मेरा धन्यवाद और नमस्कार दोनों ही स्वीकार करिये···स्वामी उचक्कानन्द को भूल जाइये···भारत माता की जय ! इतना याद रखिये। गुड बाई।

(क्रमशः वह भी अँधेरे में डूब जाता है। कुछ क्षण कोरस में कीर्तन सुनायी देता रहता है फिर वह भी क्रमशः विलीन हो जाता है।)